ASSOCIATION DE PRÉVOYANCE

DU

PERSONNEL DE L'ADMINISTRATION CENTRALE

BUT DE L'ASSOCIATION

L'Association de prévoyance du Personnel de l'Administration centrale du Ministère de l'Intérieur a uniquement pour but, dans la limite de ses statuts, d'ajouter son concours au rôle bienveillant de l'Administration à l'égard du Personnel du Ministère de l'Intérieur.

DATE DE LA FONDATION: 1ᵉʳ JUILLET 1892

SIÈGE SOCIAL
AU MINISTÈRE DE L'INTÉRIEUR
PARIS

1905

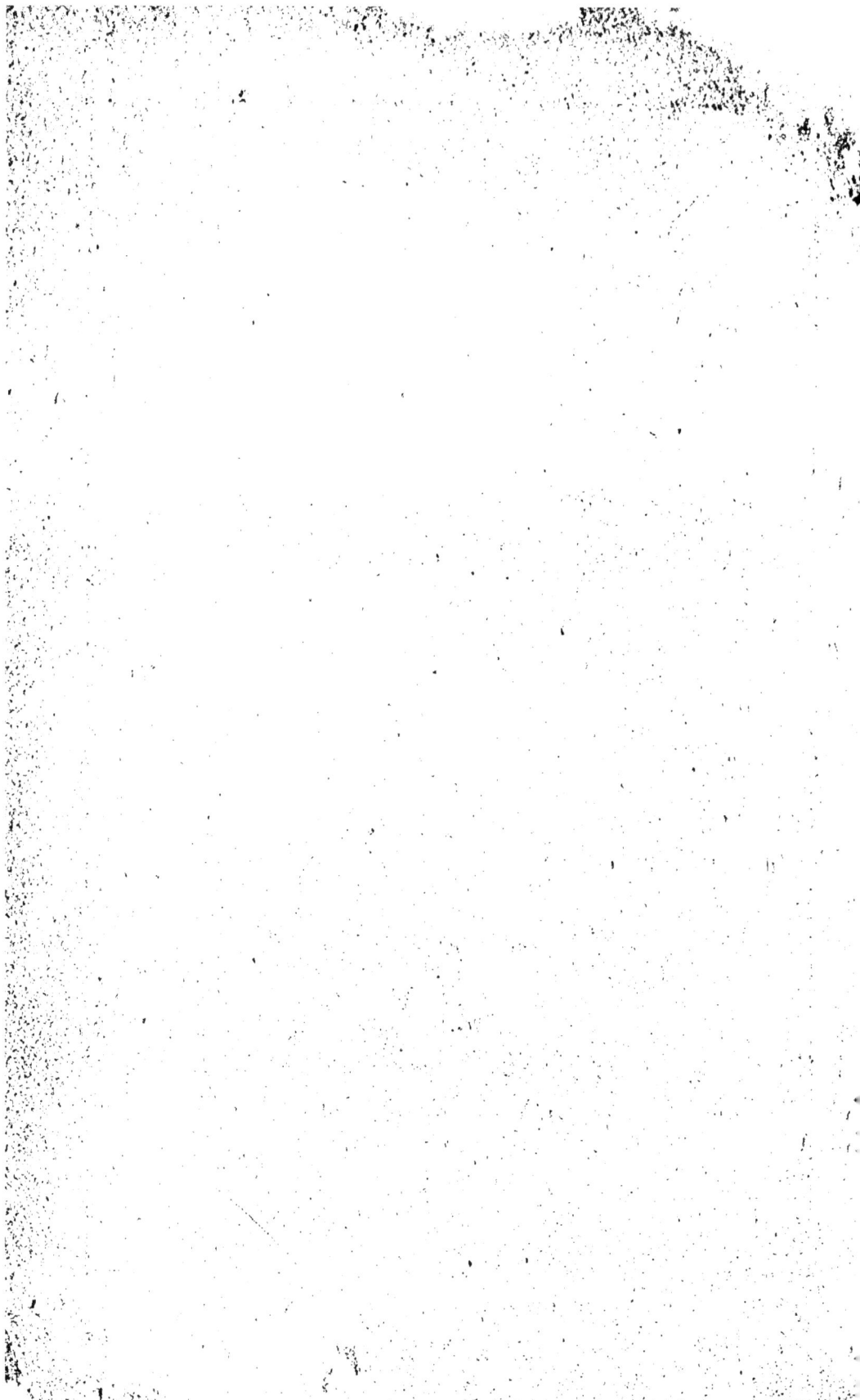

MINISTÈRE DE L'INTÉRIEUR

—⧓—

ASSOCIATION DE PRÉVOYANCE

DU

PERSONNEL DE L'ADMINISTRATION CENTRALE

———⧓———

BUT DE L'ASSOCIATION

L'Association de prévoyance du Personnel de l'Administration centrale du Ministère de l'Intérieur a uniquement pour but, dans la limite de ses statuts, d'ajouter son concours au rôle bienveillant de l'Administration à l'égard du personnel du Ministère de l'Intérieur.

———

DATE DE LA FONDATION : 1" JUILLET 1892

———

SIÈGE SOCIAL
AU MINISTERE DE L'INTERIEUR
PARIS

—

1905

AVIS AUX SOCIÉTAIRES

—+++—

I. — Les envois d'argent doivent être adressés à M. **Louis Masson**, Trésorier de l'Association, 13, rue Cambacérès, à Paris.

II. — MM. les sociétaires sont instamment priés de vouloir bien faire connaître, sans retard, leur changement d'adresse, 13, rue Cambacérès, à Paris.

III. — MM. les membres participants qui désireraient poser leur candidature en qualité d'administrateur de la société sont priés de faire connaître leur désir avant le 1er novembre par une lettre adressée à M. le Président, 13, rue Cambacérès, à Paris.

BANQUET DE 1905

Les sociétaires devant se réunir le samedi 16 décembre 1905 en Assemblée générale, et le Conseil d'administration ayant décidé, au cours de sa dernière séance, que le banquet annuel aura lieu à l'issue de cette Assemblée, MM. les membres honoraires et participants qui désireraient prendre part à cette fête familiale, devront faire parvenir, en temps voulu, leurs adhésions et leurs cotisations (dont le prix est de 6 francs par sociétaire) à M. **Louis Masson**, Trésorier, 13, rue Cambacérès, à Paris.

CONSEIL D'ADMINISTRATION

MM. BOUILLARD, O. ✳. ❂ A., ✳, *Président*.
GOURDOUX, ❂ I., *Vice-Président*.
PFEFFER, ❂ A., *id*.
AUROUSSEAU, ❂ ✳ *Secrétaire*.
BETTE (Armand), *Secrétaire adjoint*.
MASSON (Louis), ❂, ❂ A., *Trésorier*.
RIMBAULT, ❂, ❂ A., *Trésorier adjoint*.

ADMINISTRATEURS

MM. BIDAULT, ❂ A., ✳.
BLAÉVOET, ❂ A.
CHERBONNEAU, ❂ I., ✳.
CHEVAL.
COUSSOL, ✳, ❂ I.
DÉGARDIN, ❂ A.
LEMARQUANT, ❂ A., ✳.
LIÉNARD, ❂ A.
LION, ❂.
MUNIER.
PÉRIER (Léon), ✳, ❂ I., ✳.
RONDIN.
SCHLISLER, ✳, ❂ I.

VÉRIFICATEURS

MM. REYNIER, ❂ A., et RONDIN.

COMMISSION DU BANQUET

MM. FORTIN et REYNIER, ❂ A.

PRÉSIDENTS HONORAIRES

MM. GRENIER (Clément), ❂ A., *fondateur de l'Association*, inspecteur départemental de l'assistance publique à Quimper (Finistère).

PÉRIER (Léon), ❊, ❂ I, ❊, Conseiller de Préfecture de la Seine, Sous-Directeur honoraire au Ministère de l'Intérieur.

VICE-PRÉSIDENT HONORAIRE

MM. DE SAINT-SAUVEUR, ❊, ❂ A., ❊, chef de bureau.

MONTOUX, ❂, ❂ A., commis principal en retraite.

ADMINISTRATEURS HONORAIRES

MM. BOITEAU, ❂ A., sous-chef de bureau.

CABROL, ❂ I., rédacteur en disponibilité.

CARBONNOT, percepteur à Malestroit (Morbihan).

HUBERT DES VILLETTES, ❊, ❂ I., chef de bureau honoraire.

LEFEUVRE-MÉAULLE, percepteur à Dinan (Côtes-du-Nord).

LÉTOURMY, employé à l'administration des journaux officiels..

STATUTS [1]

I

But et organisation de l'Association.

ARTICLE PREMIER. — Il est formé, à partir du 1er juillet 1892, une Association qui prend le titre d'Association de Prévoyance du Personnel de l'Administration centrale du Ministère de l'Intérieur.

Son siège social est au Ministère de l'Intérieur.

ART. 2. — Cette Association a pour but de créer entre ses membres une solidarité morale et pécuniaire; elle assure, au moment du décès du sociétaire, le versement d'une somme fixée, chaque année, selon les ressources de l'Association, par l'Assemblée générale, sur la proposition du Conseil d'administration.

Cette somme est remise immédiatement après le décès, par les soins du Bureau :

A la veuve ou aux enfants du sociétaire;

A défaut de veuve ou d'enfants, le Bureau s'inspire des circonstances, à moins que le sociétaire n'ait désigné, sous enveloppe cachetée remise au Président, le nom de la personne à laquelle la somme devra être remise.

ART. 3. — L'Association se fait représenter, par une délégation, à l'enterrement de tout associé décédé à Paris ou aux environs.

ART. 4. — Les avantages pécuniaires de l'Association ne sont acquis à la famille du sociétaire décédé que si ce dernier a fait partie de l'Association pendant un an au moins.

ART. 5. — Toute somme non utilisée, ou refusée par les familles, revient de droit à la Caisse de l'Association.

ART. 6. — L'Association se compose:

De membres honoraires perpétuels;
— honoraires;
— participants fondateurs;
— participants.

---

(1) Les articles 30, 33 et 38 ont été modifiés par l'Assemblée générale du 21 décembre 1903.

ART. 7. — Les membres honoraires sont ceux qui contribuent à la prospérité de l'Association, sans participer à ses avantages. Ils sont admis par le Conseil d'administration.

ART. 8. — Peuvent recevoir le titre de membres honoraires les fonctionnaires du Ministère de l'Intérieur et toutes personnes ayant rendu des services à l'Association.

ART. 9. — Les membres participants ont seuls droit aux avantages offerts par l'Association, en échange du payement régulier de leur cotisation. Ils sont seuls admis aux délibérations des Assemblées générales.

ART. 10. — Ne peuvent être inscrits, comme membres participants que ceux qui font partie du personnel de l'Administration centrale du Ministère de l'Intérieur (1).

ART. 11. — Les membres participants fondateurs sont ceux qui auront adhéré à l'Association dans les trois mois qui suivront sa constitution.

ART. 12. — Aucune limite d'âge n'est imposée aux membres participants fondateurs.

ART. 13. — Pour les membres participants ordinaires, la limite d'âge est fixée à 40 ans: au-dessus de cet âge, l'admission peut être prononcée, à titre exceptionnel, par le Conseil d'administration, sous la condition que le sociétaire acquitte la somme fixée par l'article 23.

ART. 14. — Au moment de son admission, chaque associé reçoit une carte, et c'est cette carte (et non le reçu de versement) qui fait foi de son admission.

ART. 15. — A droit au titre de membre honoraire perpétuel celui qui verse une somme de 100 francs au moins.

---

(1) Sont considérés comme faisant partie de l'Administration centrale:

1° Le personnel titulaire du Cabinet du Ministre;

2° Celui des cinq Directions du Ministère;

3° Les services détachés suivants: Bibliothèque, Caisse, Service de l'Algérie, Service de la Carte de France, Service intérieur.

4° Les auxiliaires de ces différents Services. (Décret relatif à la réorganisation de l'Administration centrale du Ministère de l'Intérieur du 22 septembre 1890.)

ART. 16. — Peuvent être membres honoraires de l'Association ceux qui versent une somme annuelle de 12 francs au moins. Ils sont dispensés du droit d'admission.

ART. 17. — Le titre de membre honoraire perpétuel peut être conféré, par l'Assemblée générale, aux sociétaires qui auront rendu d'importants services à l'Association.

ART. 18. — Les membres participants fondateurs payent un droit d'admission de 2 francs et une cotisation mensuelle de 1 franc.

Le droit d'admission est exigible en même temps que la première cotisation.

ART. 19. — Les membres participants ordinaires âgés de moins de 40 ans seront admis dans l'Association en se conformant aux obligations imposées aux membres fondateurs par l'article 18.

ART. 20. — Les sociétaires ont la faculté de se libérer par anticipation, sans que les versements puissent excéder le chiffre de la cotisation annuelle.

ART. 21. — Tout membre du personnel en fonction au jour de la constitution de l'Association qui n'aura pas donné son adhésion dans le délai de trois mois devra, pour en faire partie, être agréé par le Conseil d'administration et effectuer le payement des cotisations depuis le jour de la fondation de l'Association.

ART. 22. — Tout nouveau membre du personnel qui n'aura pas donné son adhésion à l'Association dans le délai de trois mois (depuis son entrée effective en fonction) devra, pour en faire partie, être agréé par le Conseil d'administration et effectuer le payement des cotisations depuis le jour de l'expiration du délai précité.

ART. 23. — Les membres participants admis à titre exceptionnel conformément aux prescriptions de l'article 13 sont tenus au versement d'une somme de 60 francs. Cette somme pourra être acquittée soit en entier, soit par douzièmes, en même temps que les cotisations de l'année courante.

ART. 24. — Les cotisations sont payables chaque mois et exigibles d'avance.

Les versements doivent être effectués le jour du payement du traitement.

2

Tout sociétaire qui ne payera pas sa cotisation à la date fixée sera passible d'une amende de 0 fr. 25 par mois de retard.

Les amendes sont exigibles en même temps que la cotisation mensuelle.

ART. 25. — Cessent de faire partie de l'Association les sociétaires qui n'ont pas payé leur cotisation depuis trois mois.

Il peut être fait exception à cette règle par le Conseil lorsque le membre participant prouve que le retard du payement de la cotisation est occasionné par des circonstances indépendantes de sa volonté.

Si le retardataire ne répond pas à l'invitation qui lui est adressée, il est rayé définitivement.

ART. 26. — La révocation des fonctions administratives entraîne, de plein droit, la perte de la qualité d'associé; la réintégration administrative donne le droit de rentrer dans l'Association. Le sociétaire révoqué a droit au remboursement du capital de ses cotisations.

ART. 27. — Les membres retraités, démissionnaires de leurs fonctions administratives ou ayant abandonné leurs fonctions pour toutes causes autres que la révocation et ayant appartenu à l'Association pendant un an au moins, sont maintenus, sur leur demande, parmi les membres participants, en se conformant aux obligations de l'article 9.

ART. 28. — Les membres radiés peuvent être réintégrés par décision du Conseil d'administration; dans ce cas, ils doivent acquitter les cotisations arriérées, augmentées des intérêts de 4 p. 100 par an.

ART. 29. — La démission, la radiation et l'exclusion ne donnent droit à aucun remboursement.

I I

Administration.

ART. 30. — L'Association est administrée par un Conseil d'administration de vingt membres nommés en Assemblée générale par les membres participants.

Ces fonctions sont gratuites.

Le Conseil d'administration choisit parmi ses membres un Bureau composé d'un Président, de deux Vice-Présidents, d'un Secrétaire, d'un Secrétaire adjoint, d'un Trésorier et d'un Trésorier adjoint.

En cas d'égalité de suffrages le plus âgé est élu.

ART. 31. — Le Conseil d'administration élu par l'Assemblée générale sera nommé pour un an.

ART. 32. — Le Conseil d'administration se réunit une fois tous les deux mois et chaque fois qu'il est convoqué par le Président.

ART. 33. — En cas de vacance dans le Conseil d'administration, les membres de ce Conseil désigneront, à la majorité absolue des votants, de nouveaux administrateurs, choisis parmi les membres participants, à charge par eux de faire ratifier leur choix par la prochaine Assemblée générale.

Le renouvellement du Conseil a lieu, par moitié, tous les ans.

Les membres sortants sont rééligibles.

ART. 34. — La présence de sept membres du Conseil d'administration est nécessaire pour la validité des délibérations.

Il est tenu procès-verbal des séances.

Les procès-verbaux sont signés par le Président et le Secrétaire.

ART. 35. — Un délégué, par chaque Bureau ou Service, sera chargé de transmettre les fonds au Trésorier et de servir d'intermédiaire entre les Sociétaires et les Bureaux.

ART. 36. — Le Président surveille et assure l'exécution des statuts.

Il adresse chaque année, à l'autorité compétente, le compte rendu des opérations de l'Association.

Il est chargé de la police des assemblées; il signe tous les actes, arrêtés ou délibérations, et représente l'Association dans tous ses rapports avec l'autorité publique. Il convoque le Conseil d'administration et les Assemblées générales. Est nulle ou non avenue toute décision prise dans une réunion non convoquée par le Président.

Les Vice-Présidents secondent le Président dans toutes ses fonctions et le remplacent en cas d'empêchement.

ART. 37. — Les Secrétaires sont chargés de la rédaction des procès-verbaux, de la correspondance, des convocations, des impressions et de la conservation des archives. Ils délivrent des cartes aux sociétaires au moment de leur admission.

Ils tiennent le registre matricule des membres de l'Association.

ART. 38. — Le Trésorier opère les recettes et les payements, et les inscrit sur un livre de caisse, coté et paraphé par le Président. A chaque Assemblée générale, il présente le compte rendu de la situation financière.

Il est responsable de la caisse contenant les fonds et les titres de la Société.

Il paye sur mandats visés par le Président.

Il opère le placement ou le déplacement des fonds, sur un ordre signé du Président et du Secrétaire indiquant la somme dont le placement ou le déplacement doit être opéré.

Le Trésorier adjoint remplace le Trésorier, en cas d'absence ou de maladie. Il a, dans ce cas, les mêmes pouvoirs que le Trésorier.

Le Trésorier lui remet, alors, un pouvoir visé par le Président, par le Secrétaire et par lui-même.

III

Ressources et emploi des fonds.

ART. 39. — Les ressources de l'Association se composent :

1° Des dons manuels et des cotisations des membres honoraires ;

2° Des droits d'admission payés par les membres participants ;

3° Des cotisations des membres participants ;

4° Du produit des amendes.

ART. 40. — Les fonds, jusqu'à concurrence de 2.000 francs, seront déposés à la Caisse d'épargne postale.

Au delà de cette somme, ils seront employés en achats de rentes sur l'État ou d'obligations de chemins de fer garanties par l'État, valeurs du Crédit foncier et valeurs à lots de la Ville de Paris ; et enfin, jusqu'à concurrence d'un maximum à fixer chaque année par l'Assemblée générale, en avances aux sociétaires.

Les numéros et la nature des titres que l'Association possédera seront communiqués à l'Assemblée générale.

Les achats, ventes ou retraits de titres auront lieu sous la signature du Président, du Secrétaire et du Trésorier. Ce dernier pourra en donner toutes quittances et décharges.

IV

Dispositions générales.

Art. 41. — L'Assemblée générale peut nommer un Président d'honneur.

Art. 42. — Chaque année, les associés sont convoqués en Assemblée générale dans la seconde quinzaine de décembre. Ils votent le budget des recettes et des dépenses, examinent les comptes et déterminent le quantum à allouer, conformément aux dispositions de l'article 2.

Art. 43. — Toutes discussions portant sur des questions politiques ou religieuses sont interdites dans les réunions et assemblées des associés.

Art. 44. — En cas de modifications aux présents statuts, l'Association devra demander aux autorités compétentes une nouvelle autorisation administrative.

Art. 45. — Toute demande tendant à modifier les statuts, émanant de vingt membres participants, doit être soumise par le Bureau à l'Assemblée générale, dans le mois qui suit le dépôt de la proposition.

Art. 46. — L'Association peut se dissoudre d'elle-même, en cas d'insuffisance dûment constatée de ses ressources. Dans ce cas, le Bureau convoque d'urgence une Assemblée générale, qui prend les mesures nécessaires pour assurer la liquidation de la Société.

Art. 47. — En cas de liquidation, les fonds disponibles recevront, jusqu'à complet emploi, la destination prévue à l'article 2.

RÈGLEMENT D'ADMINISTRATION

APPLICABLE AUX AVANCES FAITES AUX SOCIÉTAIRES

EN VERTU DE L'ARTICLE 40 DES STATUTS

(Approuvé par l'Assemblée générale du 17 décembre 1898.)

ARTICLE PREMIER. — Conformément au vote de l'Assemblée générale du 17 décembre 1898, et à partir du 1er janvier 1899, il sera fait aux sociétaires, dans l'ordre de présentation des demandes au Trésorier, des prêts de 100 francs, remboursables en dix mensualités égales et successives de 10 francs, ou des prêts de 50 francs, remboursables en cinq mensualités de 10 francs.

Les prêts auront lieu sur la présentation de la dernière quittance et de la carte du sociétaire.

Le sociétaire ne jouira de cette prérogative que dans les délais fixés par l'article 4 des statuts.

ART. 2. — La première mensualité sera exigible le 1er du mois qui suivra l'emprunt.

ART. 3. — Les prêts sont passibles d'un intérêt au taux légal, conformément au barême annexé au présent règlement, et, en outre, d'un droit d'administration fixé à 0 fr. 50 pour les prêts de 100 francs et de 0 fr. 25 pour les prêts de 50 francs.

Par mesure de simplification les intérêts courus pendant la durée des prêts ainsi que le droit d'administration seront versés avec le dernier terme du remboursement.

ART. 4. — Le maximum de la somme à affecter aux avances est fixé par l'Assemblée générale ainsi qu'il est dit en l'article 40 des statuts et sur la proposition du Conseil d'administration.

ART. 5. — Lorsque l'intégralité de la somme affectée aux avances aura été empruntée, de nouveaux prêts seront consentis au fur et à mesure et dans la limite des remboursements opérés sur les premiers prêts.

ART. 6. — Chaque remboursement se fera directement entre les mains du Trésorier et sans le recours d'aucun intermédiaire.

ART. 7. — Les remboursements pourront avoir lieu par anticipation au gré de l'emprunteur.

Dans ce cas, les intérêts ne seront dus que pour la durée réelle du prêt.

Les droits d'administration seront dus pour leur intégralité, quelles que soient l'importance et l'époque les remboursements anticipés.

ART. 8. — En cas d'irrégularité dans les remboursements mensuels et après un simple avis du Président, non suivi d'effet, une première mention en sera faite au procès-verbal de la plus prochaine réunion du Conseil d'administration.

En cas de non-payement de la totalité de la somme empruntée et de ses intérêts, dans le délai de dix mois pour les prêts de 100 francs et de cinq mois pour les prêts de 50 francs, inscription en sera faite au procès-verbal de la prochaine Assemblée générale, qui aura à statuer sur la radiation des contrôles de l'Association de l'emprunteur défaillant.

En outre, tout retard de trois mois dans les mensualités entraine, jusqu'à décision à intervenir, prise par le Conseil d'administration, la suspension des droits sociaux.

ART. 9. — A la sûreté et garantie des avances les emprunteurs affectent :

1° La somme à provenir de l'application de l'article 2;

2° En cas de révocation, la somme à provenir de l'application de l'article 26;

3° Et, en cas de radiation pour cause de non-payement, les sommes versées à l'Association à due concurrence du montant de la dette en capital et intérêts;

4° L'emprunteur devra consentir, en outre, une délégation sur son traitement égale à la somme empruntée. Cette délégation sera remise, au moment du prêt, entre les mains du Trésorier.

A défaut de payement de tout ou partie de l'avance reçue, dans les délais stipulés, la délégation ne portera que sur une somme égale à celle restant due.

ART. 10. — Il ne pourra y avoir cumul d'une avance sur une autre.

ART. 11. — Le Président, le Secrétaire et le Trésorier prendront les mesures nécessaires pour assurer la tenue de la comptabilité des emprunts.

ART. 12. — Enfin le Président dispose des pouvoirs les plus étendus pour assurer par tous les moyens et voies de droit le remboursement des sommes empruntées.

BARÊME

—

Amortissement en dix termes mensuels d'un prêt de 100 francs à 5 p. 100 l'an.

MOIS	SOMMES	INTÉRÊT EXACT	INTÉRÊT ARRONDI
	fr.	fr. c.	fr. c.
1ᵉʳ mois	100	0,4167	0,40
2ᵉ —	90	0,3750	0,40
3ᵉ —	80	0,3334	0,35
4ᵉ —	70	0,2916	0,30
5ᵉ —	60	0,2500	0,25
6ᵉ —	50	0,2083	0,20
7ᵉ —	40	0,1667	0,15
8ᵉ —	30	0,1250	0,10
9ᵉ —	20	0,0833	0,10
10ᵉ —	10	0,0416	0,05
		2,2916	2,30

ASSEMBLÉE GÉNÉRALE DES SOCIÉTAIRES

DU 20 DÉCEMBRE 1904.

La séance est ouverte à 5 heures du soir, au Ministère de l'Intérieur, salle des fêtes, sous la présidence de M. **Léon Périer**, assisté des membres du bureau.

Le procès-verbal de la dernière Assemblée générale est adopté après lecture.

ALLOCUTION DU PRÉSIDENT

MESSIEURS ET CHERS CAMARADES,

Félicitons-nous encore cette année de l'état prospère de notre réunion : numériquement, la liste de nos adhérents s'est augmentée, au cours du dernier exercice, de seize noms nouveaux, et, par une heureuse fortune, nous n'avons à déplorer la perte d'aucun de nos membres participants.... A ce point de vue, 1904 nous a été particulièrement propice et nous pouvons la marquer d'un caillou blanc.

Mais, Messieurs, cette satisfaction très sincère se trouve fort atténuée par la grande douleur qu'a éprouvée la Société en voyant disparaître de la liste de ses membres d'honneur certains noms dont l'éclat constituait pour nous tous un glorieux patronage et dont nous étions fiers à juste titre : je veux parler de MM. **Waldeck-Rousseau** et **Raynal**.

Quelques membres honoraires, pour qui nous avions une respectueuse sympathie, nous ont été également ravis par la mort : MM. **Coussol, Morand du Puch** et **Legros**.

3

Il serait téméraire à moi, mes chers Camarades, d'analyser ici l'œuvre de l'illustre homme d'État que l'histoire placera à côté de ces grands Français, de ces grands républicains que furent **Léon Gambetta** et **Jules Ferry**. — Avocat incomparable, **Waldeck-Rousseau** occupait au Palais une place à part : son éloquence faite de simplicité, de clarté, de logique et de distinction, dédaigneuse de tout emphatique ornement et de toute superfluité oratoire, savait à la fois charmer et convaincre. Elle charmait par la séduction d'une forme impeccable et d'une voix très douce et très prenante ; — elle entraînait la conviction par les rigoureuses déductions qui suivaient sans effort et comme tout naturellement, l'exposé des principes que son esprit puissant savait rendre toujours lumineux.... Ces hautes et brillantes qualités impressionnèrent fortement ses collègues du Parlement le jour où, pour la première fois, **Waldeck-Rousseau** aborda la tribune de la Chambre, et l'on eut cette impression que l'orateur serait une des gloires de la tribune française, un des plus grands politiques de notre temps.

Ces prévisions ne furent pas démenties par l'événement.

Avec sa perspicacité en quelque sorte intuitive, **Gambetta** comprit immédiatement combien lui serait précieux un collaborateur de la valeur de **Waldeck Rousseau**. Aussi, en prenant le pouvoir n'hésita-t-il pas à lui confier le Ministère de l'Intérieur, où il devait revenir par la suite, et où chacun de ses passages a été marqué par de grandes et utiles réformes.

Dans ce modeste hommage rendu à notre éminent et regretté Président d'honneur, je n'ai pas la prétention de retracer son œuvre dont la portée sociale produira surtout dans l'avenir son plein effet : je tiens cependant à souligner deux lois qui ont marqué son premier et son dernier ministère : la loi de 1884 sur les syndicats professionnels, la loi de 1901 sur le droit d'association. La simple mention de ces deux actes législatifs, dans la discussion desquels M. **Waldeck-Rousseau** déploya les précieuses ressources de son talent, suffit à démontrer quelles furent les préoccupations constantes de l'éminent homme d'État.

Vous ne serez donc pas surpris, mes chers Collègues, qu'un esprit si fortement épris des œuvres de solidarité ait consenti, avec une bonne grâce parfaite, à répondre à l'appel que nous lui avons adressé lors de la formation de notre petite Société. Sa lettre, précieusement conservée dans nos archives, marque l'intérêt qu'il porte aux modestes et dévoués collaborateurs qu'il a laissés dans la maison de la place Beauvau et contient les meilleurs encouragements pour le succès de leur intéressante entreprise. Ce haut et puissant patronage ne pouvait que nous porter bonheur : aussi, Messieurs, votre Président remplit un pieux devoir en rendant un hommage reconnaissant et ému à la mémoire de celui qui fut un de nos premiers Présidents et je puis le dire, de nos premiers amis. Mon devoir serait incomplètement rempli, si je n'associais pas à cet hommage le digne continuateur du nom et des traditions de notre ancien premier Ministre, de son fidèle et dévoué collaborateur, qui a laissé tant de sympathies dans cette maison : j'ai nommé mon ami M. **René Waldeck-Rousseau**, Conseiller à la Cour d'appel de Paris.

Nous avons encore à déplorer la perte de M. **Raynal**, Sénateur, ancien Ministre de l'Intérieur, Président d'honneur de notre Association, qui avait bien voulu nous honorer de sa bienveillante protection et de ses encouragements. Je suis certainement votre interprète en rendant à sa mémoire un respectueux et reconnaissant souvenir.

Je dois aussi enregistrer avec douleur la mort de trois de nos membres honoraires, MM. **Coussol, Morand du Puoh** et **Legros**, chefs de bureau en retraite du Ministère de l'Intérieur. Ceux qui les ont connus ont pu apprécier la parfaite droiture de leur caractère, leur grande bienveillance, leur extrême urbanité. Vous vous associerez certainement aux très sincères condoléances que j'adresse aux proches de nos collègues disparus, et ces condoléances affecteront un caractère tout particulier d'intimité affectueuse s'adressant à l'un de nos meilleurs et plus sympathiques camarades, qui ne compte parmi nous que des amis, M. **Coussol**.

Messieurs, ainsi que je le disais au début, notre réunion progresse avec une régularité constante : tout dernièrement encore un de mes collègues les plus distingués et des plus justement estimés, M. **Hennequin**, chef de bureau, me faisait parvenir son adhésion dans des termes particulièrement aimables : je le remercie très sincèrement de nous avoir accordé l'appui précieux de son nom.

Je crois que bien des hésitations seraient encore vaincues, si certaines clauses de nos statuts, dictées par un sentiment de très grande prudence et très justifiées au moment de la formation de la Société, étaient modifiées dans un sens plus libéral et plus confraternel. Ce sera l'œuvre de votre Conseil d'administration d'étudier cette question et de faire disparaître, si possible, les dernières barrières qui s'opposent — en raison des sacrifices peut-être trop lourds qui sont imposés — à l'admission de quelques camarades retardataires.

J'ai plaisir à constater l'excellent état moral et financier de notre Société. Elle remplit son double but d'assistance et de bonne camaraderie sans cesse de voir augmenter son capital social qui atteint cette année le chiffre de 22.580 soit un boni de 3.000 francs environ sur le précédent exercice.

Le service des prêts fonctionne depuis près de cinq ans : 548 prêts ont été consentis donnant lieu à un mouvement de fonds de 110.000 francs. Cette année encore 99 membres de la Société sont venus frapper à la caisse qui s'est toujours ouverte pour eux. Jusqu'à ce jour, nous n'avons éprouvé aucun mécompte et cela grâce à la délicatesse et à la scupuleuse exactitude des emprunteurs. Dois-je ajouter que notre sympathique Trésorier a toujours fait preuve de diligence et que sa discrétion n'est pas une de ses qualités professionnelles les moins appréciées ?

Mes chers Camarades, une institution se juge par ses résultats. Je crois pouvoir affirmer que ceux de notre chère Société sont de tous points appréciables ; je me félicite, pour ma part, d'avoir apporté à cette œuvre de bonne et saine camaraderie tous mes soins et tous mes efforts, soutenu d'ailleurs par le concours dévoué, affectueux, constant, des membres du Conseil d'administration auxquels il me plaît de rendre un cordial et légitime hommage. Un de mes souvenirs les plus chers, si je viens à quitter cette maison de la place Beauvau où se sont écoulées les meilleures années de ma jeunesse, sera certainement d'avoir contribué à la création d'une bonne et belle œuvre ; en faisant des vœux pour son succès, je fais aussi des vœux pour les vôtres et c'est le seul moyen dont je dispose, mes chers Camarades, pour vous exprimer ma reconnaissance et mon affection.

Le Président fait connaître que la nomination du Trésorier-adjoint, décidée par l'Assemblée générale du 31 décembre 1903, a dû être différée faute d'une vacance dans le Conseil d'administration.

Deux censeurs ou vérificateurs ont été désignés par le Conseil, suivant le vœu exprimé par la dernière Assemblée générale : ce sont MM. **Reynier**, administrateur, et **Rondin**, membre participant fondateur.

RAPPORT DU SECRÉTAIRE

SUR LA SITUATION NUMÉRIQUE DE L'ASSOCIATION

Le Secrétaire fait l'exposé de la situation qui se résume ainsi :

Effectif au 21 décembre 1903................... 207

En plus...
- 12 adhésions : MM. Pic,
  Moity,
  Cottin,
  Bergès,
  Delfau,
  Darmancourt,
  Paul,
  Colombani,
  Oudin,
  Bertin,
  Périlhou,
  Fabre.
- 1 réintégration : M. Pic.

13

En moins.
- 3 démissions : MM. Pic,
  Pizot,
  Abel,
- 1 mutation : M. Ogier (1).

4

Différence en plus......................... 9   9

Effectif au 20 décembre 1904............. 216

(1) Devenu membre honoraire perpétuel.

MM. **Cottin, Bergès, Delfau, Dermancourt, Paul, Colombani, Bertin, Périlhou** et **Fabre,**

âgés de moins de 40 ans, ont été admis par application de l'article 19 des statuts.

M. **Oudin,** ayant dépassé la limite d'âge fixée par l'article 13, a été admis à titre exceptionnel, sous la réserve qu'il verserait la somme de 60 francs prévue à l'article 23.

Enfin, M. **Pio** a été réintégré sur sa demande ; suivant la jurisprudence adoptée par le Conseil, le stage de ce sociétaire sera compté à partir de la date de sa première admission.

(Approbation.)

———

RAPPORT FINANCIER DU TRÉSORIER

RECETTES

Du 21 décembre 1903 au 20 décembre 1904.

			fr. c.	fr. c.
Cotisations.	des membres honoraires.		104 »	2.650 »
	— participants		2.546 »	
Rentes et Coupons.	Arrérages de rentes sur l'État.		120 »	298 36
	Coupons de l'année 1904.	de 4 obligations chemins de fer de l'Ouest	57 60	
		de 3 oblig. Ville de Paris . .	57 50	
		— 4 — Métropolitain. . .	38 30	
		— 2 — Communales 1899.	24 96	

Subvention du Ministère de l'Intérieur . . . .   300 »

Intérêts du livret de la Caisse d'épargne (année 1903). 59 73

Intérêts provenant des avances faites aux sociétaires. 305 15

TOTAL DES RECETTES pendant l'année 1904 . . . .   3.613 24

DÉPENSES

	fr. c.
Frais d'administration	495 25
Couronne.	25 »
TOTAL DES DÉPENSES pendant l'année 1904	520 25

BALANCE

	fr. c.
Recettes	3.613 24
Dépenses.	520 25
Augmentation de recettes	3.092 99

Compte de caisse.

OPÉRATIONS D'ORDRE

RECETTES

	fr. c.
En caisse au 21 décembre 1903	3.187 90
Recettes réelles pendant l'année 1904	3.613 24
Avances remboursées par les sociétaires	9.540 »
Total général des recettes d'ordre	16.341 14

DÉPENSES

	fr. c.
Sommes placées à la Caisse d'épargne	3.179 73
Dépenses réelles pendant l'année 1904	520 25
Avances faites aux sociétaires pendant l'année 1904	9.750 »
Total général des dépenses d'ordre	13.449 98

BALANCE

	fr. c.
Recettes	16.341 14
Dépenses	13.449 98
En caisse au 20 décembre 1904	2.891 16

Compte de la Caisse d'épargne.

	fr. c.
Il existait en dépôt au 21 décembre 1903	2.440 40
Placements en 1904 (non compris les intérêts de 1904) . . .	3.179 73
ENSEMBLE	5.620 13
Retraits en 1904	»
EN DÉPÔT au 20 décembre 1904	5.620 13

Compte des avances faites aux sociétaires.

RECETTES

Reliquat du disponible au 21 décembre 1903 . .	210 »	9.750 »
Remboursement des avances (année 1904) . . .	9.540 »	

DÉPENSES

96 avances de 100 francs (année 1904)	9.600 »	9.750 »
3 — 50 francs —	150 »	
DISPONIBLE pour les avances	» »
Comptes débiteurs au 21 décembre 1904, représentés par 57 quittances	4.000 »
MONTANT du crédit	4.000 »

Intérêts des avances.

Les avances remboursées par les sociétaires pendant l'année 1904 ont produit un intérêt de 305 15

Bilan.

ACTIF

	fr. c.
En caisse (espèces).	2.891 16
En dépôt à la Caisse d'épargne.	5.620 13
Titre de 75 francs de rente 3 0/0 d'une valeur, au jour de l'achat (15 mai 1893).	2.421 55
Titre de 45 francs de rente 3 0/0 d'une valeur, au jour de l'achat (7 février 1891).	1.469 70
Quatre obligations de la Compagnie des chemins de fer de l'Ouest, comprises en un certificat n° 52.124, portant les numéros 1.083.358 à 1.083.361, d'une valeur, au jour de l'achat (18 juin 1896) et au cours de 478 francs.	1.912 12
Trois obligations Ville de Paris comprises en un certificat n° 58.510 portant les n°° 102.511-422.680 et 422.681, d'une valeur, au jour de l'achat (18 juin 1896) et au cours de 579 fr. 50.	1.738 50
Quatre obligations Ville de Paris — Métropolitain, comprises en un certificat n° 1.351, portant les n°° 210.384 à 210.387.	1.595 30
Deux obligations communales 1899 comprises en un certificat n° 7.952 portant les n°° 3.137 et 422.091.	932 10
Cinquante-sept quittances en portefeuille (avances en cours de remboursement).	4.000 »
Intérêts à recevoir de la Caisse d'épargne pour l'année 1903.	pour mémoire.
Plus-value des valeurs en portefeuille.	pour mémoire.
TOTAL DE L'ACTIF.	22.580 56

PASSIF

Le compte « passif » est de.	néant.
L'actif net au 20 décembre 1904 est de.	22.580 56

Compte de profits et pertes.

	fr. c.
Actif au 20 décembre 1904.	22.580 56
Actif au 21 décembre 1903.	19.487 57
Augmentation en 1904.	3.092 99

PROCÈS-VERBAL DE LA VÉRIFICATION DES COMPTES

DE L'EXERCICE 1904

Les soussignés, chargés par l'Assemblée générale de contrôler la comptabilité de M. **Masson**, Trésorier de l'Association pour l'exercice 1904, ainsi que les mouvements de fonds effectués depuis la dernière Assemblée générale, ont vérifié à la date du 15 décembre courant toutes les écritures y afférentes et constaté que tous les comptes de la présente année tenus rigoureusement à jour sont établis avec tout le soin désirable et une méticulosité défiant toute critique.

1° Les opérations figurant tant au livre de caisse que sur les bordereaux mensuels ont été reconnues exactes.

2° Les placements de fonds de l'année 1904 sont conformes aux prescriptions statutaires.

3° L'encaisse s'élevant à la somme de 2.891 fr. 16 est correspondant au chiffre accusé par les comptes arrêtés au dit jour.

4° Le registre à souche renfermant les quittances nécessaires au paiement des cotisations et le registre spécial des prêts n'ont donné lieu à aucune observation.

En résumé les censeurs croient devoir appeler à nouveau l'attention de l'Assemblée sur le travail considérable qu'entraîne cette comptabilité et qui résulte non seulement de l'établissement de ces différentes écritures et du mouvement des fonds de caisse s'élevant annuellement à la somme de 30.000 francs, mais encore de l'effectif progressif des sociétaires, du roulement croissant des prêts auxquels vient s'ajouter la correspondance de la province qui loin de diminuer tend toujours à augmenter.

En conséquence, ils se permettent de renouveler à l'Assemblée générale la proposition de l'allocation d'une indemnité de caisse tendant à dédommager à juste titre notre sympathique Trésorier.

En foi de quoi les soussignés ont dressé le présent procès-verbal dont lecture sera donné à l'Assemblée générale.

Paris, le 15 décembre 1904.

Les Censeurs :

Signé : A. RONDIN. Signé : H. REVNIER.

CERTIFICAT CONSTATANT L'EXACTITUDE DU BILAN

PRÉSENTÉ A LA FIN DE L'ANNÉE 1904

Les soussignés,

Certifient que l'établissement du bilan dressé cejourd'hui par M. **Masson**, Trésorier de l'Association de Prévoyance, pour être présenté à l'Assemblée générale est rigoureusement exact à la réalité du fait, ainsi que l'a fait ressortir l'examen des différents titres et valeurs constituant le capital social.

Paris, le 20 décembre 1904.

Les Censeurs :

A. RONDIN.   H. REYNIER.

Les comptes de M. **Louis Masson**, *Trésorier, sont approuvés à l'unanimité.*

AU SUJET D'UNE INDEMNITÉ A ALLOUER AU TRÉSORIER

Le Président fait remarquer que la question d'une indemnité à allouer au Trésorier, soulevée par les censeurs, n'est pas nouvelle.

Elle avait été solutionnée par le refus personnel de M. Masson exprimé devant l'Assemblée générale du 18 décembre 1902.

M. **Léon Périer** estime qu'une étude plus approfondie de cette proposition est nécessaire, attendu que son adoption entrainera sans doute une modification des statuts.

M. **de Saint-Sauveur** dit qu'il ne s'agit pas d'une rémunération des services rendus par le Trésorier, mais seulement d'une indemnité de caisse. Dans ces conditions, une modification aux statuts n'est pas nécessaire, et l'Assemblée peut se prononcer sans avoir recours à une étude préalable.

L'Assemblée partageant cette manière de voir, le Président invite les censeurs à indiquer pour l'indemnité dont il s'agit le taux qui leur paraît raisonnable.

M. **Reynier** propose le chiffre de 400 francs.

M. **Coussol** estime que celui de 300 francs serait largement suffisant.

M. **Bransoulié** est d'avis d'allouer un franc par jour.

Le **Président** met aux voix le chiffre de 400 francs qui est adopté par 28 voix sur 50 présents.

FIXATION DE LA SOMME A ALLOUER EN CAS DE DÉCÈS EN 1905

Après avoir exposé l'économie de l'étude faite en 1900 au sujet de l'indemnité en cas de décès et rappelé les conclusions du rapport de la Commission inséré dans le bulletin de l'année 1901, le Président propose le maintien à 600 francs du taux de l'indemnité à allouer en cas de décès pendant l'année 1905.

Mise aux voix, cette proposition est adoptée à l'unanimité.

CRÉDITS DESTINÉS AU SERVICE DES PRÊTS EN 1905

Le Président fait connaître que le Trésorier a saisi le Conseil d'administration d'une demande tendant à porter à 5.000 francs le crédit destiné au service des prêts pour 1905.

Le Conseil s'est montré favorable à la proposition de M. **Louis Masson** et a décidé de la soumettre à la ratification de l'Assemblée générale.

Par son vote unanime l'Assemblée adopte le crédit de 5.000 francs proposé.

AU SUJET DU TAUX D'INTÉRÊT FIXÉ POUR LES PRÊTS

M. **Racinet** demande la parole. Il estime que l'intérêt fixé pour les prêts est trop élevé ; il s'élève également contre le droit prélevé par le Trésorier à l'occasion de chaque avance consentie, ainsi que contre le droit d'administration dont sont passibles tous les prêts.

A ses yeux, l'ensemble de ces divers prélèvements au profit, soit de la Société, soit du Trésorier, constitue une véritable usure.

M. le **Président** proteste vivement contre cette expression.

M. **Racinet** reconnaît qu'elle a dépassé sa pensée. Il se range en définitive à l'avis exprimé par plusieurs sociétaires et par le Président, à savoir qu'il serait préférable que ces critiques fissent l'objet d'une communication au Conseil d'administration, lequel se ferait un devoir d'examiner la possibilité de réduire les charges supportées par les emprunteurs sans nuire aux intérêts de l'Association.

FÉLICITATIONS AU PRÉSIDENT

M. **Lévy** déclare être certain de traduire les sentiments de toute l'assemblée en manifestant, d'une part, ses regrets de voir M. **Léon Périer** quitter la présidence de la Société, et en exprimant, d'autre part, la reconnaissance de tous pour les soins, l'activité et le dévouement avec lesquels M. **Périer** a dirigé et accompli ses fonctions.

(*Ces déclarations sont couvertes d'applaudissements et votées à l'unanimité.*)

M. **Léon Périer** ayant été appelé au dehors, la suite de la séance est présidée par M. **Pfeffer**.

COMMISSION DU BANQUET

MM. **Reynier** et **Fortin** sont confirmés à l'unanimité comme membres de la commission du banquet.

SCRUTIN POUR L'ÉLECTION DES ADMINISTRATEURS

M. le **Président** annonce qu'il y a lieu de procéder au scrutin pour l'élection des administrateurs.

Les opérations effectuées par MM. **Fortin, Lange, Tison** et **Vallon,** donnent les résultats suivants :

Votants	135
Majorité absolue	68

Ont obtenu :

MM.	Coussol	133 voix
	Dégardin...............................	129 —
	Lion.....................................	128
	Munier..................................	127 —
	Bidault..................................	124 —
	Bouillard...............................	123 —
	Aurousseau	118 —
	Cheval..................................	115 —
	Rimbault...............................	95 —
	Montoux	78 —

qui sont élus administrateurs.

Viennent ensuite :

MM.	Bette	52 voix
	Rondin..................................	10 —
	Lange...................................	8 —
	Tison	6 —
	Delamare...............................	6 —
	Cattin...................................	5 —

AU SUJET DU BULLETIN DE VOTE

M. **Bette** demande la parole, désirant présenter une observation relativement au bulletin de vote.

Il demande que les noms des candidats nouveaux ne fassent pas l'objet d'une liste spéciale placée après celle des administrateurs sortants ; mais que tous les noms soient inscrits dans une liste commune suivant l'ordre alphabétique.

Chacun de ces noms serait accompagné de la mention « administrateur sortant » ou « candidat nouveau ».

L'ordre du jour étant épuisé, et personne ne demandant la parole, la séance est levée à 6 heures et demie.

Le Président,
Léon PÉRIER.

Le Secrétaire,
BIDAULT.

Les membres du Bureau :
GOURDOUX, PFEFFER,
Vice-Présidents.

Le Trésorier,
Louis MASSON.

Le Secrétaire-adjoint,
AUROUSSEAU.

PROCÈS-VERBAL DE LA SÉANCE DU CONSEIL D'ADMINISTRATION

DU SAMEDI 4 FÉVRIER 1905.

La séance est ouverte à 5 heures du soir, au Ministère de l'Intérieur, salle Telmon.

Présents : MM. AUROUSSEAU, BIDAULT, BLAVOET, CHERBONNEAU, COUSSOL, GOURDOUX, LEMARQUANT, LION, Louis MASSON, MUNIER, PFEFFER, Léon PÉRIER, RIMBAULT.

Excusés ou absents : MM. BOUILLARD, CHEVAL, DEGARDIN, HUBERT DES VILLETTES, LIÉNARD, SCHLISLER.

M. **Gourdoux**, doyen d'âge, préside le début de la séance assisté de MM. **Bette** et **Lion**, les deux plus jeunes membres du Conseil d'administration.

Le Président lit d'abord une lettre par laquelle M. **Montoux**, récemment admis à la retraite, donne sa démission d'administrateur et assure ses collègues que, bien qu'éloigné, il ne cessera de s'intéresser à l'œuvre que nous avons fondée.

Il présente ensuite au Conseil les nouveaux administrateurs : M. **Rimbault**, nommé aux dernières élections, et M. **Bette**, candidat ayant obtenu le plus grand nombre de suffrages lors du vote de l'assemblée générale du 20 décembre 1904 pour le renouvellement du mandat des administrateurs sortants.

On passe à l'ordre du jour en commençant par la lecture du procès-verbal de la dernière séance et le compte rendu du Trésorier sur la situation financière de l'Association.

Le procès-verbal est adopté et le compte rendu approuvé à l'unanimité sans observations.

L'ordre du jour appelle l'élection du Bureau pour l'exercice 1905.

Avant l'ouverture du scrutin, M. **Léon Périer**, Président, dont le mandat est à renouveler, demande la parole et prononce les paroles suivantes :

PROCÈS-VERBAL DE LA SÉANCE DU CONSEIL D'ADMINISTRATION

MES CHERS CAMARADES,

« Appelé récemment au poste de Conseiller de Préfecture de la Seine, laissez-moi vous prier de me relever de la présidence de la Société que, depuis cinq ans, votre inaltérable et précieuse amitié n'a cessé de me confier.

« J'estime qu'il est dans l'esprit des statuts que le Président appartienne à l'Administration centrale.

« Il vous sera facile, d'ailleurs, de trouver au sein du Conseil d'administration un camarade à l'âme haute, au cœur généreux, à qui vous pourrez sans crainte confier les destinées futures de notre chère Société.

« Personnellement, je serais vraiment ingrat si je ne vous disais combien j'ai au cœur de gratitude affectueuse pour vous ; depuis près de onze ans, dans nos réunions périodiques du Conseil d'administration, il nous a été permis de nous connaître et de nous apprécier ; je garderai toujours le souvenir de ces discussions courtoises où l'ardeur des opinions contraires était toujours justifiée par l'unique préoccupation du but à atteindre, du bien à réaliser. Je n'oublierai jamais l'affectueuse estime, l'amicale confiance dont vous avez toujours entouré votre Président. Cette longue collaboration pour le *bien* a créé entre nous des liens d'amitié durable, et je ne puis vous remercier autrement qu'en vous affirmant que la mienne restera toujours profonde et sincère. » (*Applaudissements unanimes.*)

Il est procédé au vote pour la nomination du Président.

La proclamation du résultat du scrutin fait connaître que M. **Léon Périer** est élu Président à l'unanimité des suffrages.

Après la réélection dont il vient d'être l'objet, M. **Léon Périer** remercie ses collègues et les prie de procéder à un nouveau scrutin, ses nouvelles fonctions lui faisant une obligation de décliner toute candidature.

Le Président, M. **Gourdoux**, répond à M. **Léon Périer** pour lequel il a une affection toute paternelle, en s'exprimant ainsi :

MES CHERS COLLÈGUES,

« La déclaration que vient de nous faire et les explications qu'en si bons termes vient de nous donner notre affectionné confrère, M. **Léon Périer**, imposent au Conseil d'administration, dont je suis certain d'exprimer la pensée, un double devoir.

« D'abord de lui adresser des félicitations pour sa nomination au

Conseil de Préfecture de la Seine, qui, certainement trouvera, en lui un fonctionnaire des mieux qualifiés.

« Puis et surtout, celui de lui témoigner nos plus vifs regrets, étant donné qu'il se voit obligé de décliner toute candidature, partant, de renoncer à réoccuper le siège présidentiel où il a donné tant de preuves de ses aptitudes administratives, de ses facultés oratoires et de son amabilité.

« Oui, nos regrets, car nous ne saurions oublier les services que, par sa parole et par ses actes, il a rendus à l'œuvre qui nous est chère.

« Aussi bien, la seule considération qui puisse leur apporter quelque adoucissement, à ces regrets, c'est qu'il restera avec nous non seulement par le cœur, mais autant qu'il lui sera possible par sa présence dans ce milieu familial, comme il aimait à l'appeler, et qui gardera de sa personne et de sa présidence le souvenir le plus affectueux et le plus reconnaissant. »

M. **Léon Périer** ayant déclaré ne pouvoir, en raison de sa nouvelle situation, continuer à exercer les fonctions de Président, il est procédé à un deuxième tour de scrutin qui donne les résultats ci-après :

MM. Bouillard .... 12 voix
    Coussol .... 1 —
    Pfeffer .... 1 —

M. **Bouillard** est élu Président.

Le résultat de ce vote vient d'être proclamé lorsque le nouveau Président, qui n'a pu assister au début de la séance, entre dans la salle où est réuni le Conseil.

La nouvelle de son élection est pour lui une véritable surprise et c'est avec une profonde émotion qu'il reçoit les très cordiales félicitations de ses collègues.

L'ordre du jour continue par la nomination des autres membres du bureau.

L'arrivée de M. **Bouillard** porte à 15 le nombre des votants ; la majorité absolue est toujours 8.

Les différents scrutins successivement ouverts à cet effet, donnent les résultats suivants :

1° Pour l'élection de deux Vice-Présidents :

MM. Gourdoux .... 14 voix
    Pfeffer .... 13 —
    Coussol .... 2 —
    Bidault .... 1 —

MM. **Gourdoux** et **Pfeffer** sont élus Vice-Présidents.

Après le premier scrutin la parole est donnée à M. **Bidault**, Secrétaire, dont le mandat est à renouveler.

M. **Bidault** adresse à ses collègues ses remerciements les plus cordiaux pour la confiance dont ils l'ont honoré depuis qu'il a succédé à M. Coussol au Secrétariat de l'Association.

Il déclare, qu'en raison de ses nombreuses occupations, il ne lui est pas possible de continuer utilement les fonctions de Secrétaire et il prie ses camarades de lui choisir dans le Conseil, un successeur.

A la suite de ces déclarations, le vote continue et donne comme résultats :

2° Pour l'élection du Secrétaire :

MM. Aurousseau........................ 14 voix
  Bette (Armand)........................ 1

M. **Aurousseau** est élu Secrétaire.

3° Pour l'élection du Secrétaire adjoint :

  M. Bette (Armand)........................ 14 voix
  Bulletin blanc........................ 1

M. **Bette** est élu Secrétaire adjoint.

4° Pour l'élection du Trésorier :

  M. Masson (Louis)........................ 14 voix
  Bulletin blanc........................ 1

M. **Louis Masson** est élu Trésorier.

5° Pour l'élection du Trésorier adjoint :

  M. Rimbault........................ 14 voix
  Bulletin blanc........................ 1

M. **Rimbault** est élu Trésorier adjoint.

Les nouveaux élus remercient leurs collègues pour la marque de confiance qu'ils viennent de leur témoigner.

M. **Gourdoux** propose de donner à M. **Léon Périer** une marque tangible de notre reconnaissance en le nommant Président honoraire.

Cette proposition est votée par acclamation.

Le Président d'âge déclare alors que le Bureau pour l'exercice 1905 est constitué et proclame les noms des nouveaux membres, qui sont :

Président : M. **Bouillard** ;
Vice-Président : M. **Gourdoux** ;
— — M. **Pfeffer** ;
Secrétaire : M. **Aurousseau** ;
Secrétaire adjoint : M. **Bette** (Armand) ;
Trésorier : M. **Masson** (Louis) ;
Trésorier-adjoint : M. **Rimbault**.

Il invite ensuite M. Bouillard, le nouveau Président, à prendre place au fauteuil.

En prenant possession de la présidence, M. **Bouillard** remercie, en termes émus, ses camarades du Conseil d'administration et leur dit combien il est sensible à la marque de confiance qu'ils viennent de lui donner en portant leurs suffrages sur son nom.

Il adresse ensuite au vénéré et sympathique doyen d'âge, M. **Gourdoux**, ses compliments et ses félicitations pour le dévouement dont il a fait preuve en présidant au début de cette séance et lui dit combien il est heureux, après l'avoir compté, étant en activité, au nombre de ses meilleurs collaborateurs, de se trouver avec lui, à l'heure de la retraite, dans cette phalange d'élite composée d'hommes aux sentiments généreux, d'excellents camarades, pénétrés de l'esprit de solidarité et animés du désir de faire le bien.

S'adressant à l'ami si sympathique et si aimable auquel il succède, il dit combien il regrette de le voir quitter ses fonctions où il a toujours donné l'exemple de la bonne et saine camaraderie, où il a fourni sans compter tant de preuves de son savoir, de son remarquable talent de parole et de sa haute compétence administrative.

Il ajoute qu'il ne se dissimule pas combien sera lourde la tâche qu'il vient d'assumer ; il est des hommes à qui l'on succède et qu'on ne remplace pas ; mais, pour remplir utilement ces délicates fonctions de Président il lui suffira de s'inspirer des traditions laissées au fauteuil par son éminent prédécesseur et aussi par l'apôtre infatigable à qui revient l'honneur d'avoir fondé l'Association.

Il termine en exprimant à ses collègues ses sentiments de vive gratitude pour l'honneur qu'ils viennent de lui faire en l'appelant à diriger leurs travaux et il leur donne l'assurance que tous ses efforts tendront à développer et à propager les principes fondamentaux sur lesquels repose notre œuvre de solidarité et de prévoyance : son utilité ne s'affirme-t-elle pas d'ailleurs chaque jour avec plus d'éclat, et les services qu'elle a déjà rendus aux familles de nos camarades qui, avant l'heure, ont été frappés par l'inexorable loi du destin, ne témoignent-ils pas de l'excellence de notre institution bien-aimée ?

M. **Léon Périer** prend la parole. Il se dit profondément touché de la double manifestation de sympathie que les membres du Conseil d'administration viennent de faire en sa faveur ; en abandonnant la présidence, il ne renonce pas à venir, de temps en temps, s'asseoir au milieu de ses camarades, pour participer à leurs travaux.

M. **Périer** fait l'éloge du nouveau Président, M. **Bouillard**, et lui souhaite cordialement la bienvenue en ces termes :

« En vos vaillantes mains, mon cher ami, lui dit-il, le drapeau de la Société est bien placé. Je suis tranquille sur ses destinées : je sais qu'avec votre belle intelligence et votre grand cœur vous saurez conserver ces traditions de bonté, de bienveillance, de confraternité et de courtoisie qui sont l'honneur de notre cher petit groupement. Je salue en vous le brave homme placé à la tête de braves gens dont vous apprécierez, comme moi, les rares et solides qualités. Vous les connaissez, d'ailleurs, puisque vous êtes un des plus anciens administrateurs, c'est-à-dire que vous avez pris part à nos efforts de la première heure. L'hommage qui vient de vous être rendu si spontanément me comble de joie, car je ne saurais oublier l'accueil si affectueux que vous me fîtes à l'époque, déjà lointaine, où j'entrai dans cette maison et l'amitié constante que vous m'avez témoignée depuis. C'est pourquoi, mon cher **Bouillard**, je vous adresse sans réserve mes compliments les plus cordiaux auxquels je joins l'assurance de mon entier et dévoué concours. » (*Applaudissements unanimes.*)

M. **Léon Périer** propose d'adresser, au nom du Conseil d'administration, des félicitations à M. **Schlisler**, administrateur, si sympathique à tous, à l'occasion de sa nomination aux fonctions de Chef du Cabinet civil de M. le Ministre de la Marine. (*Applaudissements unanimes*).

Le **Président** donne connaissance au Conseil d'une lettre par laquelle M. **Racinet**, membre participant fondateur, se plaint que l'intérêt perçu pour les avances consenties aux sociétaires, en conformité de l'article 40 des statuts, est trop élevé.

Après un sommaire examen de la question, le Conseil nomme une Commission composée de MM. **Pfeffer**, **Blavoët** et **Rimbault**, qui sont chargés d'établir un rapport au sujet de cette requête, afin qu'il puisse être statué en connaissance de cause sur la suite à donner.

Le **Président** invite la Commission, que M. **Pfeffer** veut bien se charger de réunir, à hâter ses travaux de manière à pouvoir remettre son rapport au bureau vers le 20 mars prochain, afin que le Conseil puisse être convoqué avant la fin de ce mois, pour délibérer sur les conclusions du rapport qu'elle aura établi.

M. **Coussol** rappelle que l'Assemblée générale du 20 décembre 1904 a voté une indemnité de 400 francs au Trésorier, et pose à ce sujet les questions suivantes :

1° Comment cette indemnité est-elle payée ?

2° Le Trésorier continue-t-il à percevoir un droit sur les prêts consentis aux sociétaires ?

En ce qui concerne la première question, le Trésorier répond que l'indemnité sera payée trimestriellement.

Il répond à la seconde en disant qu'il ne touchera plus le droit relatif aux avances.

L'attention du bureau est appelée sur la situation des administrateurs qui, à plusieurs reprises, sans avoir donné les raisons qui les ont tenus éloignés, n'ont pas assisté aux séances du Conseil d'administration.

On fait remarquer en outre combien ces abstentions sont regrettables ; elles ont pour conséquence tout d'abord de prolonger la durée des réunions en retardant l'ouverture de la séance parce que le quorum prévu à l'article 34 des statuts pour la validité des votes n'est pas atteint et ensuite elles privent le Conseil des lumières que nos collègues absents ne manqueraient pas d'apporter dans les discussions pendantes.

À l'invitation faite au bureau de prendre des dispositions en vue de remédier à cet état de choses, le Président répond qu'une démarche toute amicale sera faite auprès des collègues que peut viser cette observation. On ajoute qu'en face des dispositions si précises de la délibération prise par l'Assemblée générale du 28 décembre 1895, le Conseil se trouve dans une situation fort délicate, obligé qu'il serait, pour se conformer à la décision de l'Assemblée, de remplacer ceux de ses membres qui se sont abstenus plus de trois fois d'assister aux séances ; cette décision porte en effet : « est considéré comme démissionnaire tout administrateur qui, sans excuse préalable, aura manqué trois fois de suite aux séances du Conseil d'administration ».

M. **Bette** exprime le désir qu'une copie du procès-verbal de la réunion de ce jour soit remise à M. **Léon Périer** comme témoignage de notre reconnaissance et aussi comme un souvenir tangible de cette séance au cours de laquelle n'a cessé de régner la plus franche et la plus sympathique cordialité. (*Assentiments.*)

La séance est levée à 6 heures et demie.

Le Président,
BOUILLARD.

Le 1er Vice-Président,
GOURDOUX.

Le Secrétaire,
AUROUSSEAU.

RAPPORT PRÉSENTÉ AU CONSEIL D'ADMINISTRATION

DANS SA SÉANCE DU 10 OCTOBRE 1905

par M. Rimbault

AU NOM DE LA COMMISSION CHARGÉE D'ÉTUDIER LA PROPOSITION
DE M. RACINET, MEMBRE PARTICIPANT

———————

Paris le 29 octobre 1905.

MESSIEURS ET CHERS COLLÈGUES,

Au cours de la dernière Assemblée générale, M. Racinet, membre de la Société, a présenté une proposition tendant à une diminution des charges qui grèvent les prêts consentis par l'Association à ses membres participants.

Invité à faire parvenir cette proposition par écrit au Conseil d'administration, M. Racinet a adressé, le 23 décembre 1904, la lettre suivante à M. le Président du Conseil d'administration :

M. LE PRÉSIDENT,

« J'ai l'honneur de vous soumettre la proposition ci-dessous dont le but serait de diminuer le taux et les frais du prêt.

« A l'état actuel un prêt de 100 francs, remboursable par un dixième, ne donne la jouissance réelle de 100 francs que pendant 5 mois et coûte à l'emprunteur 2 fr. 30 d'intérêt, plus un franc d'allocation au trésorier, plus 0 fr. 50 de frais d'administration et 0 fr. 10 timbre — total 3 fr. 90 pour ledit prêt pendant 5 mois — dont le cinquième est de 0 fr. 78 $\times$ 12 mois donne 9 fr. 36 p. 100 l'an.

« Pour remédier à ce taux excessif, je propose :

« 1° La suppression à l'article 3 du droit d'administration de 0 fr. 50 pour 100 francs et de 0 fr. 25 pour 50 francs et le remplacer par 0 fr. 10 par prêt.

« 2° Que l'on prenne pour base le barème rectifié ci-joint à ma lettre qui établit les sommes nettes dues par l'emprunteur ce qui produit 2 fr. 40 pour un prêt de 10 mois dont le cinquième est de 0 fr. 48 par mois $\times$ 12 mois donne 5 fr. 76 p. 100 l'an au lieu de 9 fr. 36 actuellement.

« 3° L'allocation du trésorier serait à la charge de la Société, soit un franc par fraction de 2 fr. 20 qui représente un prêt de 10 mois

qui, déduit de la somme de 2 fr. 20 intérêt brut, reste à la Société
1 fr. 20 d'intérêt net dont le cinquième est de 0 fr. 24 par mois,
0 fr. 24 $\times$ 12 mois donne 2 fr. 88 p. 100 l'an, taux en rapport avec les
obligations que la Société possède.

« Pour quant aux garanties de l'emprunt, elles sont aussi sûres
que celles des obligations.

« 5° Que la proposition soit étudiée, et si elle est prise en considération par le Conseil d'administration de convoquer les sociétaires
en Assemblée générale extraordinaire pour pouvoir être mise en
vigueur le plus tôt possible.

« Veuillez agréer, Monsieur le Président, mes salutations respec-
tueuses et l'assurance de mon dévouement.

« Signé : RACINET Louis, gardien de bureau. »

La Commission nommée par le Conseil d'administration dans
sa séance du 4 février 1905 et composée de MM. **Pfeffer,
Blavoët** et **Rimbault** a, conformément au mandat qu'elle a
reçu, examiné la proposition de M. **Racinet** et j'ai l'honneur, en
son nom, de vous soumettre les conclusions auxquelles la
Commission a cru devoir s'arrêter :

Il nous a semblé tout d'abord qu'il n'y avait pas lieu de suivre
l'auteur de la proposition dans tous les détails de son exposé, et
qu'il convenait d'en retenir seulement les faits saillants.

Ce qui a frappé principalement l'attention de la Commission,
c'est l'élévation du taux annuel des charges qui pèseraient sur les
prêts consentis aux sociétaires. D'après M. **Racinet**, ce taux
atteindrait 9 fr. 36 p. 100. En réalité, la moyenne de la période
de jouissance intégrale de 100 francs qu'il a entendu établir sur
l'échelle d'amortissement en 10 mois n'est pas de 5 mois, mais
exactement de 5 mois et demi. Par conséquent, étant donné que
les charges d'un prêt de 100 francs (nous n'envisageons pas le
prêt de 50 francs qui n'est d'ailleurs presque jamais demandé)
s'élèvent à 2 fr. 30 d'intérêt et 1 fr. 50 de frais accessoires, au
total 3 fr. 80 (1) pour une somme de 100 francs qui resteraient
intégralement entre les mains de l'emprunteur pendant 5 mois et

demi, ces charges ressortent, pour un an, à $\dfrac{3,80 \times 12}{5,50} = 8$ fr. 29.

---

(1) Nous négligeons intentionnellement les 0 fr. 10 de timbre de quittance qui
ne doivent pas entrer en ligne de compte dans les charges effectives du prêt.

L'élévation de ce taux annuel résulte de ce fait que les frais accessoires demeurent invariablement fixés à 1 fr. 50 pour 10 mois ou, si l'on veut, à 1 fr. 80 par an, et que, suivant les dispositions de l'article 7 du règlement des prêts, en ce qui concerne les droits d'administration, ces frais restent dus pour leur intégralité, quelles que soient l'importance et l'époque des remboursements anticipés.

Pour corriger ce que ces charges lui ont paru comporter d'excessif, M. **Racinet** a proposé, non une réduction du taux d'intérêt comme l'énonce sa proposition, mais la suppression presque totale des frais accessoires qu'il voudrait voir limiter à 0 fr. 10 par prêt.

Après un examen approfondi de la question, il a paru à la Commission qu'il n'était pas possible à la Société d'aller aussi loin dans la voie d'un allégement des charges des prêts. Ce qui nous a paru devoir être réalisé, c'est un abaissement du taux de l'intérêt des prêts fixé jusqu'à présent à 5 p. 100 ; ce taux nous semble devoir être réduit à 4 p. 100, chiffre qui, depuis la loi du 7 avril 1900, est le taux légal en matière civile.

Si cette proposition était adoptée et en supposant le maintien de la redevance actuelle pour frais accessoires, la charge *annuelle* serait abaissée de 6 fr. 80 à 5 fr. 80 (4 fr. + 1 fr. 80) et le nouveau barème à établir pour l'amortissement d'un prêt de 100 francs en 10 termes mensuels, au taux de 4 p. 100, ferait ressortir le total des intérêts à payer à la somme de 1 fr. 833, soit en nombre rond 1 fr. 85, au lieu de 2 fr. 30 résultant de l'application du taux de 5 p. 100.

En ajoutant à ces intérêts la somme de 1 fr. 50, représentant pour 10 mois les frais d'administration (0 fr. 50) et l'indemnité de un franc perçue jusqu'ici par le Trésorier pour chaque prêt de 100 francs, la redevance totale serait de 3 fr. 35, c'est-à-dire inférieure de 0 fr. 45 à l'ancienne.

Avant de faire ressortir par des chiffres comment se comporterait, d'après ces bases, le service des prêts, nous devons rappeler que, dans sa dernière séance, l'Assemblée générale a décidé d'allouer au Trésorier une indemnité annuelle de 400 francs. Il a paru légitime de mettre à la charge du fonds social une partie de cette indemnité, étant donné qu'à plusieurs reprises l'opportunité d'une allocation s'était déjà posée devant le Conseil d'administration et à l'Assemblée générale et que si, avant l'organisation du service des prêts, la question n'avait pas reçu de solution, il fallait en attribuer la raison au désintéressement du Trésorier.

Dès lors si l'on admet comme base d'évaluation que l'indemnité de 400 francs soit supportée pour moitié par le fonds social, voici comment s'établirait, au regard de la Société, les charges et les recettes corrélatives de 100 prêts annuels de 100 francs, moyenne indiquée par le Trésorier :

	fr.
1° Frais matériels d'administration: 0 fr. 50 par prêt, soit pour 100 prêts, 100 × 0 fr. 50 = ...	50 »
2° Non-encaissement des intérêts que produirait pendant un an, la somme de 5.000 francs consacrée au service des prêts soit $\frac{5.000 \text{ fr.} \times 2 \text{ fr. } 80}{100}$ (revenu moyen p. 0/0)	140 »
3° Quote-part dans l'indemnité allouée au Trésorier à raison du service des prêts, évaluée	200 »
TOTAL des frais pour 100 prêts.	390 »
Pour couvrir ces charges, les emprunteurs verseraient: 100 × 3 fr. 35 (1 fr. 85 + 1 fr. 50) = ...	335 »
Il demeurerait ainsi à la charge du fonds social, indépendamment de la moitié de l'indemnité au Trésorier, une dépense complémentaire de	55 »

Il a paru à la Commission que cette charge supplémentaire ne devait pas rester à la charge de la Société. En effet, si celle-ci ne retire aucun avantage du service des prêts, elle ne doit non plus subir aucun préjudice de ce fait, et il semble juste que les sociétaires qui ont recours au fonds commun, supportent la plus grosse part des frais généraux qu'impose le service des prêts.

En conséquence, pour compenser cette différence entre les recettes et les dépenses, nous proposons de porter de 1 fr. 50 à 2 francs les frais d'administration et de participation de l'emprunteur dans l'indemnité allouée au Trésorier et de les dénommer : « Droits d'administration ».

Nous rappelons incidemment que jusqu'à présent, le Trésorier percevait directement, à son profit, sur les emprunteurs, l'indemnité de un franc par prêt sans en faire état dans ses écritures.

Il paraîtrait plus régulier que la redevance fixe de 2 francs proposée fût dorénavant constatée aux recettes de la Société comme les intérêts. Le Trésorier n'en serait d'ailleurs que plus à l'aise dans ses rapports avec les emprunteurs, sa personnalité n'étant plus en jeu.

Conformément aux propositions qui précèdent, les charges définitives du service des prêts pourraient être évaluées comme il suit :

	fr.
Il a été établi ci-dessus, qu'à raison du service des prêts la Société supportait des frais qui, pour 100 prêts, s'élèvent à	390 »
En atténuation de ces charges, la Société recevrait des emprunteurs d'après la base définitive proposée : 100 prêts × 3 fr. 85 (1 fr. 85 + 2 francs) = ...	385 »
Il ne demeurerait donc ainsi à la charge du fonds social qu'une faible somme de	5 »
Si, au contraire, on admettait la proposition de M. Racinet, la charge du service des prêts, à supporter par les emprunteurs ne serait que de : 100 prêts × 2 fr. 40 (2 fr. 30 + 0 fr. 10) = ...	240 »
Les frais s'élevant à	390 »
La Société aurait à sa charge indépendamment de la moitié de l'indemnité au Trésorier, une somme complémentaire de.	150 »

Ce résultat a paru préjudiciable aux intérêts de la Société et il semble de nature à faire écarter *de plano* la proposition de M. Racinet.

Dans le cas où notre manière de voir aurait l'agrément du Conseil d'administration, voici quelles seraient les modifications à apporter au règlement d'administration applicable aux avances faites aux sociétaires :

ART. 3.

ANCIENNE RÉDACTION	RÉDACTION PROPOSÉE
Les prêts sont passibles d'un intérêt au taux légal, conformément au barème annexé au présent règlement et en outre, d'un droit d'administration fixé à 0 fr. 50 pour les prêts de 100 francs et de 0 fr. 25 pour les prêts de 50 francs. Par mesure.	Les prêts sont passibles d'un intérêt au taux de 4 p. 100, conformément au barème annexé au présent règlement. En outre, il est perçu un droit dit « droit d'administration » fixé à 2 francs pour les prêts de 100 francs, à 1 franc pour les prêts de 50 francs et représentant, pour la majeure partie, la quote-part des emprunteurs dans l'indemnité allouée au Trésorier. Par mesure. . . . .

Telles sont, Messieurs et chers Collègues, les conclusions auxquelles s'est arrêtée la Commission que vous avez nommée et qu'elle a l'honneur de soumettre à votre appréciation.

Le Rapporteur,

RIMBAULT.

BARÊME

—

Amortissement en dix termes mensuels d'un prêt de 100 francs à 4 p. 100 l'an.

MOIS	SOMMES	INTÉRÊT EXACT	INTÉRÊT ARRONDI	OBSERVATIONS
	fr.	fr. c.	fr. c.	
1er MOIS	100	0,3333	0,35	
2e —	90	0,3000	0,30	
3e —	80	0,2667	0,25	
4e —	70	0,2333	0,25	
5e —	60	0,2000	0,20	
6e —	50	0,1667	0,15	
7e —	40	0,1333	0,15	
8e —	30	0,1000	0,10	
9e —	20	0,0667	0,05	
10e —	10	0,0333	0,05	
		1,8333	1,85	

Après discussion de ce rapport, le Conseil d'administration a adopté les conclusions présentées par la Commission et il a décidé l'insertion du dit rapport au présent bulletin, afin que chaque sociétaire puisse prendre connaissance de la question avant qu'elle soit délibérée par l'Assemblée Générale.

LISTE

DES MEMBRES DE L'ASSOCIATION

A LA DATE DU 31 OCTOBRE 1905

PRÉSIDENTS D'HONNEUR

MM. LOUBET, Président de la République française.

DUBIEF, Ministre de l'Intérieur.

CH. DUPUY, sénateur, ancien Président de la Chambre des députés, ancien Président du Conseil, Ministre de l'Intérieur et des Cultes.

BARTHOU (Louis), député, ancien Ministre de l'Intérieur.

BOURGEOIS (Léon), sénateur, ancien Président de la Chambre des députés, ancien Président du Conseil, Ministre de l'Intérieur.

BRISSON (Henri), député, ancien Président de la Chambre des députés, ancien Président du Conseil, Ministre de l'Intérieur.

LEYGUES, député, ancien Ministre de l'Instruction publique et des Beaux-Arts, ancien Ministre de l'Intérieur.

RIBOT, député, ancien Président du Conseil, Ministre de l'Intérieur.

COMBES, sénateur, ancien Président du Conseil, Ministre de l'Intérieur et des Cultes.

ÉTIENNE, Ministre de la Guerre, ancien Ministre de l'Intérieur.

VICE-PRÉSIDENTS D'HONNEUR

MM. BÉNAC, ancien directeur du Cabinet, du Personnel et du Secrétariat.

BLANC (Charles), conseiller d'État, ancien directeur de la Sûreté générale.

BOUFFET, conseiller d'État, ancien directeur de l'Administration départementale et communale.

BRUMAN, conseiller d'État, Directeur de l'Administration départementale et communale.

CAVARD, Directeur de la Sûreté Générale.

COLLIGNON, préfet du Finistère, ancien directeur du Personnel et du Secrétariat.

COMBES (Edgard), conseiller d'État, ancien secrétaire général du Ministère de l'Intérieur.

DELONCLE, maître des requêtes au Conseil d'État, secrétaire général du Ministère de l'Intérieur.

MM. DUFLOS, conseiller maître à la Cour des comptes, ancien directeur de l'Administration pénitentiaire.

DUPUY (Adrien), ancien directeur du Cabinet du Président du Conseil, Ministre de l'Intérieur et des Cultes, inspecteur général de l'Université.

FOSSE, préfet de la Seine-Inférieure, ancien directeur du Personnel et du Secrétariat.

FOURNIER, président du Conseil de préfecture de la Seine, ancien directeur de la Sûreté générale.

GENTIL, conseiller d'État, ancien directeur de l'Administration départementale et communale.

GRIMANELLI, Directeur de l'Administration pénitentiaire.

HONNORAT, Directeur du Cabinet.

MARINGER, Directeur du Personnel.

MASTIER, préfet des Bouches-du-Rhône, ancien directeur de l'Administration départementale et communale.

MIRMAN, Directeur de l'Assistance et de l'Hygiène publique.

MONOD, ancien conseiller d'État, ancien directeur de l'Assistance et de l'Hygiène publiques.

POIRSON, préfet de Seine-et-Oise, ancien directeur de la Sûreté générale.

REYNAUD, conseiller d'État, ancien directeur du cabinet du Personnel et du Secrétariat.

SAINSÈRE, conseiller d'État, ancien directeur du Cabinet, du Personnel et du Secrétariat.

SEIGNOURET, préfet de la Mayenne, ancien directeur du Cabinet, du Personnel et du Secrétariat.

SOINOURY, trésorier-payeur général, ancien directeur de la Sûreté générale.

VIGUIÉ, percepteur à Paris, ancien directeur de la Sûreté générale.

MEMBRES HONORAIRES PERPÉTUELS

MM. LOUBET, Président de la République française.

ANTHOINE, ingénieur, chef du service de la carte.

BARTHOU (Louis), député, ancien Ministre de l'Intérieur.

BÉNAC, ancien directeur du Cabinet, du Personnel et du Secrétariat.

BÉNINGER, ingénieur, sous-chef du service de la carte.

BIHOURD, ambassadeur de la République française près la Confédération helvétique.

MM. BLANC (Charles), conseiller d'État, ancien Préfet de police, ancien directeur de la Sûreté générale.

BOUFFET, conseiller d'État, ancien directeur de l'Administration départementale et communale.

BOURGEOIS, sénateur, ancien Président de la Chambre des députés, ancien Président du Conseil, Ministre de l'Intérieur.

BRUMAN, conseiller d'État, directeur de l'Administration départementale et communale.

CAVARD, directeur de la Sûreté générale.

CÉRON, sous-chef de bureau honoraire.

CHRISTIAN, directeur de l'Imprimerie nationale, ancien directeur de la Sûreté générale.

COLLIGNON, préfet du Finistère, ancien directeur du Personnel et du Secrétariat.

COLLOMP, chef de bureau.

COMBES (Edgard,) secrétaire général du Ministère de l'Intérieur.

CONSTANS, sénateur, ambassadeur de France à Constantinople, ancien Ministre de l'Intérieur.

DAUBRÉE, sous-chef de bureau.

DUFLOS, conseiller maître à la Cour des comptes, ancien directeur de l'Administration pénitentiaire.

DUPUY (Adrien), ancien directeur du Cabinet du Président du Conseil, Ministre de l'Intérieur, inspecteur général de l'Université.

DUPUY (Charles), sénateur, ancien Président du Conseil, Ministre de l'Intérieur et des Cultes, ancien Président de la Chambre des députés.

Mme DUPUY, inspectrice générale des établissements de jeunes filles détenues.

MM. FOURNIER, président du Conseil de préfecture de la Seine, ancien directeur de la Sûreté générale.

FRANÇOIS (Albert), commis principal des Postes et Télégraphes.

GENTIL, conseiller d'État, ancien directeur de l'Administration départementale et communale.

GRANIER, inspecteur général des Services administratifs au Ministère de l'Intérieur.

GRENIER (Clément), inspecteur départemental de l'Assistance publique, ancien rédacteur principal au Ministère de l'Intérieur, fondateur de l'Association (1).

_____

(1) Décision de l'Assemblée générale du 16 décembre 1893.

MM. GRIMANELLI, directeur de l'Administration pénitentiaire.

HENNEQUIN, chef de bureau,

HERBETTE (Louis), conseiller d'État, ancien directeur de l'Administration pénitentiaire.

LE MESNAGER, ancien attaché au Ministère de l'Intérieur.

LEYGUES, député, ancien Ministre de l'Instruction publique et des Beaux-Arts, ancien Ministre de l'Intérieur.

LUSCAN (DE), chef de bureau.

MARGÈRE (DE), sénateur, ancien Ministre de l'Intérieur.

MARTIN (Octave), chef de bureau.

MASTIER, préfet des Bouches-du-Rhône, ancien directeur de l'Administration départementale et communale.

MIRMAN, directeur de l'Assistance et de l'Hygiène Publiques.

MONOD, conseiller d'État, ancien directeur de l'Assistance et de l'Hygiène publiques.

MORGAND, chef de bureau.

ORLIAC, commis principal.

OGIER, conseiller d'État, inspecteur général des services administratifs.

PAGET, sous-directeur honoraire.

PASCAL (Léonce), conseiller de préfecture de Vaucluse.

PHELLIPON, sous-directeur honoraire.

POIRSON, préfet de Seine-et-Oise, ancien directeur de la Sûreté générale.

RABANY, chef de bureau.

REYNAUD, conseiller d'État, ancien directeur du Cabinet, du Personnel et du Secrétariat.

RIBOT, député, ancien Président du Conseil, Ministre de l'Intérieur.

SAINSÈRE, conseiller d'État, ancien directeur du Cabinet, du Personnel et du Secrétariat.

SOINOURY, trésorier-payeur général, ancien directeur de la Sûreté générale.

TARDIEU (Jules), chef de bureau.

TURQUAN, chef de bureau.

VALBREUZE (DE), sous-directeur honoraire.

VIGUIÉ, percepteur à Paris, ancien directeur de la Sûreté générale.

MEMBRES HONORAIRES

MM. AUBRY, rédacteur au Ministère de l'Intérieur.

CADEL, rédacteur au Ministère de l'Intérieur.

CASANOVA, attaché au Ministère de l'Intérieur.

COLLAS, chef du service intérieur.

HYÉRARD, sous-chef de bureau, ancien chef du cabinet du Secrétaire général.

LECAT, rédacteur principal au Ministère de l'Intérieur.

PRIVAT, membre du Conseil médical de la Société des gens de lettres, chirurgien-dentiste du Ministère de l'Intérieur.

RIEU, rédacteur au Ministère de l'Intérieur.

TAILLANDIER (DE), sous-chef de bureau.

TOUSTAIN DU MANOIR (DE), sous-chef de bureau.

BEURDELEY, docteur en droit, assureur-export près le tribunal de commerce de Versailles.

MEMBRES

MEMBRES PARTICIPANTS

N°s MATRICULES	DIRECTION	NOMS	N°s MATRICULES	DIRECTION	NOMS
		MM.			MM.
8	P. S.	* ALCAN.	118	S. G.	* CAILLARD.
179	A. H.	ALCINDOR.	180	A. H.	CANDEL.
62	P. S.	* ANTOINE.	257	Ad. P.	CHALKIX.
157	P. S.	ARDOUIN.	205	S. G.	CHAPUISAT.
27	Ad. P.	* ASTIER.	94	Ad. P.	* CHERBONNEAU, sous-chef de bureau.
35	S. G.	* AUROUSSEAU.			
291	Ad·P	BARBERET (Georges)	101	P. S.	* CHEVAL.
104	S. G.	* BARRAU.	188	P. S.	CHEVENET (Jean).
95	D. C.	* BARRIÈRE.	196	D. C.	CHEVENET (Gabriel).
26	S. G.	BELLIARD DELISLE.	204	P. S.	CHICANOT.
271	P. S.	BERGÈS	140	P. S.	* CHRIST.
197	P. S.	BERTHOD.	175	P. S.	CLAUZEL.
277	A. H.	BERTIN.	255	P. S.	COCHAIN.
233	D. C.	BERTRAND.	251	Ad. P.	COLIN.
252	P. S.	BESNARD.	275	S. G.	COLOMBANI
177	D. C.	BETTE (Armand).	236	P. S.	COMMAILLE.
186	D. C.	BÈZE, chef de bureau.	68	D. C.	* COMY.
88	S. G.	* BIDAULT.	289	D. C.	CORDONNIER.
133	S. G.	* BLAEVOET.	89	P. S.	* COSTÉDOAT.
245	P. S.	BLIER.	12	P. S.	* COUSSOL, s.-ch. de b.
10	P. S.	* BOITEAU, sous-chef de bureau.	284	S. G.	COUTARD.
			273	D. C.	DARMANCOURT
200	P. S.	BONNET.	243	P. S.	DARRAS.
86	S. G.	* BRANSOULIÉ.	226	P. S.	DECLERCK.
127	D. C.	* BRETON.	53	P. S.	* DÉGARDIN.
147	D. C.	BUSIGNY.	229	P. S.	DELAMARE.

(*) L'astérisque désigne les membres participants *fondateurs.*

Abréviations: P. S. Personnel et Secrétariat ; — D. C. Administration départementale et communale; — A. H. Assistance et hygiène publiques; — Ad. P. Administration pénitentiaire ; — S. G. Sûreté générale.

Nos MATRICULES	DIRECTION	NOMS	Nos MATRICULES	DIRECTION	NOMS
		MM.			MM.
216	P.S.	DELANNEY, chef de bureau	156	P.S.	JASPARD.
206	P.S.	DELAPORTE.	287	D.C.	JOCARD.
272	D.C.	DELFAU.	57	S.G.	* JUTEAU.
263	D.C.	DELMAS.	82	S.G.	* LABADIE.
264	D.C.	DÉRIAUD.	281	A.H.	LAFARE.
238	P.S.	DESCAZALS.	230	P.S.	LANGE.
108	D.C.	* DESROUSSEAUX.	265	S.G.	LAUMONIER.
235	Ad.P.	DESVIGNES.	61	D.C.	* LECLÈRE, chef de bureau.
171	S.G.	DUFFAU.	109	S.G.	* LEMARQUANT.
67	P.S.	* DUGUET, chef de bureau.	266	D.C.	LEPETIT.
160	A.H.	EBERLÉ.	249	S.G.	LEVÉ.
43	P.S.	* ENDERLEN.	129	P.S.	* LÉVY.
279	A.H.	FABRE.	56	D.C.	* LIÉNARD.
132	Ad.P.	* FIÉVET.	292	S.G.	LIMOUZAIN.
136	S.G.	* FLEURET.	198	D.C.	LION.
193	A.H.	FORTIN.	148	P.S.	LOTHE.
47	D.C.	* FOURNIER.	135	P.S.	* LOUSTAU.
106	S.G.	* GALTIER.	55	P.S.	* MAIN.
293	Ad.P.	GASC.	51	P.S.	* MALAURIE.
214	P.S.	GÉLY.	267	P.S.	MALIGNON.
90	S.G.	* GEORGES.	290	D.C.	MAGNIEN.
169	P.S.	GEORGES (François).	208	S.G.	MANFREDI.
228	D.C.	GODARD.	85	Ad.P.	* MAROUD.
78	Ad.P.	* GOFFARD.	223	P.S.	MARTINET.
258	D.C.	GRANIER.	178	P.S.	MASCLEF.
112	S.G.	* GUÉRIN.	158	P.S.	MASSON (Louis).
63	Ad.P.	* GUILLOT.	227	Ad.P.	MASSON (Lucien).
234	D.C.	GUYOT.	259	Ad.P.	MIANE.
170	P.S.	HOCQ.	2	P.S.	* MICHAUD.
117	D.C.	* HURT.	210	P.S.	MILLET.
187	D.C.	d'HUGUES.	48	D.C.	* MILTEAU.
285	D.C.	ISAAC.	213	Ad.P.	MITRAUD.

No MATRICULES	DIRECTION	NOMS	No MATRICULES	DIRECTION	NOMS
		MM.			MM.
217	D.C.	MITTELHAUSSER.	250	D.C.	POMPÉI.
269	A.H.	MOITY.	168	P.S.	* RACINET.
225	P.S.	MONGIS.	149	P.S.	RAFFAUT.
24	P.S.	*MOREL.	286	D.C.	RECLUS.
154	P.S.	MORRE.	240	P.S.	REMY.
30	P.S.	*MOULIN.	260	S.G.	REY.
130	D.C.	*NOEL.	74	A.H.	*REYNIER.
276	P.S.	OUDIN.	39	P.S.	*RIMBAULT.
239	P.S.	PAGÈS.	194	D.C.	RIMONEAU.
242	P.S.	PANTZER.	144	P.S.	*ROBERT.
219	P.S.	PAOLI.	45	D.C.	*RONDIN.
64	D.C.	*PATTE (Léon-Henri).	141	D.C.	*ROUFFIAC.
176	A.H.	PATTE (Léon-Eugène).	77	A.H.	*ROUSSEL (Léopold).
274	A.H.	PAUL.	218	S.G.	ROUSSEL (R.P.A.).
254	Ad.P.	PÉDRIOLAT.	110	A.H.	*ROUX, chef de bureau.
211	D.C.	PÉRINNE.	32	P.S.	*ROYER.
139	P.S.	*PERRIN.	1	A.H.	*DE SAINT-SAUVEUR, chef de bureau.
174	D.C.	PERROT.	237	Ad.P.	SEGAUT.
65	P.S.	*PETETIN.	20	P.S.	*SERRANT.
40	D.C.	*PFEFFER, sous-chef de bureau.	253	D.C.	SOULAT.
283	D.C.	PFULB.	181	P.S.	TESTARD.
280	A.H.	PIC.	83	P.S.	*THANRON.
195	D.C.	PIERRE.	34	D.C.	*THIRION.
261	Ad.P.	PIGNOL.	91	S.G.	*THOMAS.
19	P.S.	DE PILLOT, chef de bureau.	122	S.G.	*THUILLIER.
294	A.H.	PINAL.	244	P.S.	TISON.
38	D.C.	*PIQUES.	199	S.G.	VACQUERIE.
288	D.C.	PISSOT.	207	Ad.P.	VALLON.
80	P.S.	*PITOU.	232	Ad.P.	VEYSSET.
262	D.C.	PLYTAS.	203	P.S.	VOYDIÉ.
			202	D.C.	ZIMMER.

**Membres ayant quitté l'Administration centrale
et continuant à faire partie de l'Association conformément à
l'article 27 des statuts.**

N^{os} matricules.   MM.

100   * Authièvre, à Usseau (Nièvre).

9   * Bette, commis principal, en retraite.

107   * Blin, employé au Ministère de l'Intérieur, en retraite, rue Faidherbe, à Connéré (Sarthe).

215   Bluzet, délégué au contrôle de la loi sur la santé publique.

36   * Bolmont, gardien de bureau, en disponibilité, 11, rue Surcouf, à Paris.

44   * Boudigou, rédacteur principal, en retraite, à Daoulas (Finistère).

52   * Bouillard, sous-directeur honoraire, 207, avenue de Neuilly, à Neuilly-sur-Seine.

185   Bouldoire, receveur buraliste, à Hénin-Liétard (Pas-de-Calais).

212   Bouvet, 49, rue d'Angoulême, à Paris.

21   Braun, percepteur, à Barentin (Seine-Inférieure).

120   Buquen, employé à l'économat de l'asile de Vacassy, à Saint-Maurice (Seine).

4   * Cabrol, ancien rédacteur au Ministère de l'Intérieur, chef de cabinet de M. le Directeur général des recherches à la Préfecture de police.

20   * Carbonnot, percepteur, à Malestroit (Morbihan).

250   * Cattin, inspecteur spécial à Belfort.

114   * Cavoret, sous-chef de bureau honoraire, 106, rue de Cormeilles, à Levallois-Perret.

103   * Chabanel, directeur de l'Asile national du Vésinet, en retraite.

282   * Chapuis, percepteur, à Juvisy (Seine-et-Oise.)

150   * Clédel, agent comptable au service des transfèrements cellulaires.

220   Dagon, 48, rue Nationale, à Évian-les-Bains (Haute-Savoie).

125   * Debarbat, percepteur de Puchet, à Étrépagny (Eure).

60   Décory, sous-chef de bureau honoraire, 12, rue Carrier-Belleuse, Paris.

22   * Doumergue, percepteur, à Gourdon (Lot).

(*) L'astérisque désigne les membres participants *fondateurs*.

190 Filleau, sous-inspecteur de l'Assistance publique de la Sarthe, au Mans.

124 * Fourrère, 14, rue du Docteur-Marbeau, à Brives (Corrèze).

164 * Gatti, employé à l'administration des journaux officiels.

42 Gourdoux, rédacteur principal, en retraite, à Carrières-sous-Poissy (Seine-et-Oise).

5 * Grenier, inspecteur départemental de l'Assistance publique, à Quimper (Finistère).

105 Guillot (Maurice), directeur de l'asile de Sainte-Anne.

102 Hubert des Villettes, chef de bureau honoraire, 51, rue Pape Carpentier, à Moulins (Allier).

3 * Lefeuvre-Méaulle, percepteur à Dinan (Côtes-du-Nord).

111 * Lesaitre, à Ozouer-la-Ferrière (Seine-et-Marne).

102 Létourmy, employé à l'administration des journaux officiels.

145 Lhérault, rédacteur principal, en retraite.

97 * Mascard, agent voyer principal, en retraite, ancien attaché au Ministère de l'Intérieur, 1, rue Mascard, à Toulouse.

31 * Marchal, commis principal au Ministère de l'Intérieur, en retraite.

16 * Mathieu (Charles), commissaire central de police, à Tunis.

221 Mauduit, rédacteur à la préfecture de la Seine, 39, rue de Turenne, Paris.

46 Montoux, commis principal en retraite, à Taillebourg (Charente-Inférieure).

183 Munier, secrétaire de la Direction des Jeunes Aveugles, 56, boulevard des Invalides, à Paris.

70 * Ogliastroni, sous-chef de bureau honoraire, directeur de la 20e circonscription pénitentiaire, à Lyon.

246 Pépin Malherbe, administrateur colonial à Timbo, (Guinée française).

41 * Perdreau, sous-chef de bureau honoraire, 24, rue Sainte Bathilde, à Chelles (Seine-et-Marne).

17 Pécune, commis principal, en retraite, à Tanlay (Yonne).

231 Périès, secrétaire général de la préfecture de la Lozère, à Mende.

18 Périer (Léon) conseiller de préfecture de la Seine, sous-directeur honoraire au Ministère de l'Intérieur, 123, avenue du Chemin-de-Fer, à Rueil (Seine-et-Oise)

278 Périlhou, chef de cabinet de M. le Préfet de la Charente à Angoulême.

222 Sartor, administrateur des affaires civiles de l'Indo-Chine, détaché au cabinet du Gouverneur général, à Hanoï.

131 SCHLISLER, chef du cabinet civil de M. le Ministre de la Marine, percepteur de Levallois-Perret (Seine).

224 THÉBERT, contrôleur général des services extérieurs de la Sûreté générale, chef du secrétariat de la direction de la Sûreté générale.

128 * TURLURE, gardien de bureau, en retraite, 53, rue des Carbonnets, à Bois-Colombes (Seine).

7 * VILLETTE, huissier au Ministère de l'Intérieur, en retraite, 9, avenue de Paris, à Asnières (Seine).

33 * WERCKMEISTER, commis principal au Ministère de l'Intérieur, en retraite, 43, rue Allain Chartier, à Paris.

66 * YVER, gardien de bureau, en retraite, 110, rue de l'Abbé-Groult, à Paris.

115 * ZIMMER, rédacteur principal, en retraite.

ÉTAT NUMÉRIQUE DES MEMBRES PARTICIPANTS

AU 31 OCTOBRE 1905

1° Personnel et secrétariat	66	
2° Administration départementale et communale	47	
3° Assistance et Hygiène publiques	16	220
4° Administration pénitentiaire	19	
5° Sûreté générale	27	
6° En dehors de l'Administration centrale	54	

MEMBRES HONORAIRES PERPÉTUELS DÉCÉDÉS

MM. FLOQUET, sénateur, ancien Président de la Chambre des députés, ancien Président du Conseil, Ministre de l'Intérieur.

SIMON (Jules), sénateur, ancien Ministre de l'Intérieur.

SCHNERB, conseiller d'État, ancien directeur de la Sûreté générale.

DEMAGNY, conseiller d'État, ancien Secrétaire général du Ministère de l'Intérieur.

LEGROS, ancien directeur du service du transfèrement cellulaire.

MORAND DU PUCH, sous-directeur honoraire.

RAYNAL, sénateur, ancien Ministre de l'Intérieur.

RIBIERRE, percepteur à Paris, ancien directeur du Personnel et du Secrétariat.

WALDECK-ROUSSEAU, sénateur, ancien Président du Conseil, Ministre de l'Intérieur et des Cultes.

ROUSSEAU, ancien trésorier payeur général, ancien directeur du Secrétariat et de la Comptabilité.

GOBLET (René), ancien Président du Conseil, Ministre de l'Intérieur.

de CRISENOY, ancien directeur de l'Administration départementale et communale.

LAGARDE, conseiller d'État, secrétaire général de la Grande Chancellerie de la Légion d'honneur, ancien directeur de l'Administration pénitentiaire.

MEMBRES HONORAIRES DÉCÉDÉS

MM. FOURNIER, préfet de la Dordogne.

JOSSE, employé au Ministère de l'Intérieur.

OLLION, sous-chef de bureau au Ministère de l'Intérieur.

PASCAL, contrôleur général des services extérieurs de la Sûreté générale.

PERDUCET, sous-chef de bureau honoraire au Ministère de l'Intérieur.

LIEUTIER, sous-chef de bureau honoraire au Ministère de l'Intérieur, secrétaire général du journal l'*Éclair*.

GRAUX, préfet honoraire, percepteur à Paris.

PORTIER, ancien contrôleur général des services extérieurs de la Sûreté générale.

BEAUQUESNE, chef de bureau au Ministère de l'Intérieur.

LE ROUX, ancien préfet du Rhône.

ESCOURROU, commissaire spécial des chemins de fer.

COUSSOL, chef de bureau au Ministère de l'Intérieur, en retraite.

EMION, sous chef de bureau au Ministère de l'Intérieur.

NICOLLE, commissaire spécial de la police des chemins de fer.

DURAND, contrôleur général des services extérieurs de la Sûreté générale.

BEURDELEY, maire du VIIIe arrondissement.

BIENFAITRICE DE L'ASSOCIATION
(DÉCÉDÉE)

Mme Veuve VOISIN, inspectrice générale des services de l'Assistance et de l'Hygiène publiques au Ministère de l'Intérieur.
(Décision de l'Assemblée générale du 18 décembre 1902.)

MEMBRES PARTICIPANTS DÉCÉDÉS

AU 31 OCTOBRE 1905.

MM. CARBONNIER — 30 mars 1893.............⎫
GÉRARD — 16 septembre 1893............⎭ 2

RÉMY — 7 février 1894...............⎫
MATHELIE — 5 décembre 1894..........⎭ 2

LACOUTURE — 16 octobre 1895............| 1

TISSIER — 14 mai 1896..............⎫
Mme veuve VOISIN — juillet 1896 ....⎭ 2

MM. MALLET — 31 mars 1897.............⎫
RENOUX — 15 mai 1897.......⎭ 2

AVIGNON — 7 mars 1898.............⎫
BOURSIER — 19 août 1898.............⎬ 3
PLATIAU — 22 décembre 1898.........⎭

MORO — 16 janvier 1899.............⎫
BOUDEVILLAIN — 9 avril 1899...........⎭ 2

METZGER — 13 février 1900.............⎫
MAYNEAU — 18 mars 1900.............⎭ 2

ROUQUET — 24 janvier 1901...........⎫
LÉAUTÉ — 25 avril 1901..............⎬ 3
CHANIET — 1er octobre 1901 ....⎭

NOUVEL — 9 février 1902.............⎫
CORPEL — 7 avril 1902............⎪
DE LA NIÈCE — 19 avril 1902...........⎬ 6
DISSEZ — 21 septembre 1902...........⎪
MALO — septembre 1902...............⎪
PETITOT — 18 novembre 1902..........⎭

DOMENGET — 3 septembre 1903...........⎫
GAJAN — 19 novembre 1903.......⎭ 2

AUBAGNAC — 13 octobre 1905.........| 1

_____

TOTAL................. 28

TABLE DES MATIÈRES

MELUN. — IMPRIMERIE ADMINISTRATIVE. Vte 1933 v.

MINISTÈRE
DE L'INTÉRIEUR

ASSOCIATION DE PRÉVOYANCE
DU PERSONNEL DE
L'ADMINISTRATION CENTRALE

SIÈGE SOCIAL
13, Rue Cambacérès

Nᵒ Matricule

BULLETIN D'ADHÉSION

à titre de Membre Participant

Je soussigné [1] _____

né le _____ 18____, nommé [2] _____

_____ dans l'Administration Centrale

du Ministère de l'Intérieur (Direction_____

_____, Bureau),

leuran a _____, rue _____ nᵒ____,

déclare adhérer, en qualité de Membre participant, aux Statuts
de l'Association de Prévoyance du Personnel de ladite Administration, dont j'ai pris connaissance et que j'ai été installé dans
m_____ à la date du_____ 19____

Paris, le_____ 19____.

[1] Nom et prénoms.
[2] Fonctions ou emploi.

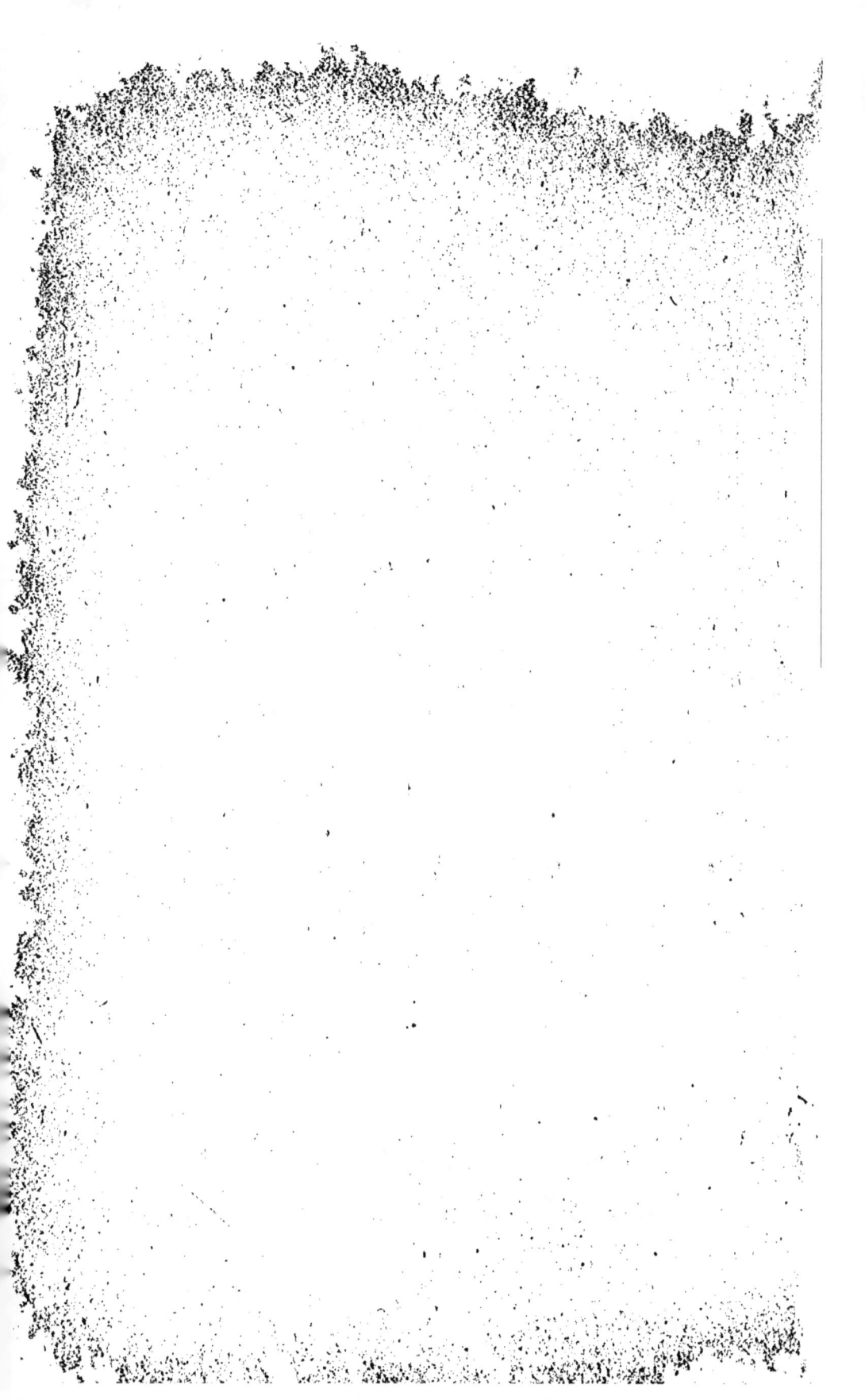

**MINISTÈRE
DE L'INTÉRIEUR**

ASSOCIATION DE PRÉVOYANCE
DU PERSONNEL DE
L'ADMINISTRATION CENTRALE

SIÈGE SOCIAL
13, Rue Cambacérès

Paris, le 1 FEVRIER 1908

Monsieur et cher Camarade,

A votre entrée dans notre grande famille où de tout temps a régné l'esprit de solidarité, nous considérons comme un devoir de vous faire connaître l'existence de l'Association de Prévoyance du Personnel de l'Administration Centrale du Ministère de l'Intérieur.

Par la lecture des statuts que vous trouverez sous ce pli, vous pourrez vous rendre compte que les fondateurs de notre œuvre ont eu pour unique pensée de faire converger

Monsieur

vers le même but à la fois ; la bienveillance traditionnelle de l'Administration Supérieure, la générosité des membres bienfaiteurs et les sentiments de solidarité des membres participants de cette Association.

Au moyen de ce triple et précieux concours, il nous est permis, dans les circonstances les plus douloureuses de la vie, de venir en aide d'une manière efficace et immédiate, aux veuves et aux orphelins de camarades prématurément ravis à l'affection de ceux dont ils étaient le soutien.

Nous appelons tout particulièrement votre attention sur les dispositions des articles 13 et 22 des statuts où sont spécifiées les conditions normales d'admission de camarades nouvellement entrés dans l'Administration Centrale.

Veuillez agréer, Monsieur et cher Camarade, l'expression de nos sentiments affectueux et dévoués.

Pour le Conseil d'Administration,

Le Président,

Le Trésorier Gal

Compte. Centrale